古代歷史文化^{研究}輯刊

三十編

王明蓀 主編

第 14 冊

宋代禪宗僧侶世俗化的研究（下）

張俊儒 著

國家圖書館出版品預行編目資料

宋代禪宗僧侶世俗化的研究（下）／張俊儒 著 -- 初版 -- 新
北市：花木蘭文化事業有限公司，2023〔民 112〕
目 2+140 面；19×26 公分
（古代歷史文化研究輯刊 三十編；第 14 冊）
ISBN 978-626-344-419-5（精裝）
1.CST：禪宗 2.CST：佛教事業 3.CST：僧侶文學 4.CST：宋代
618   112010445

ISBN-978-626-344-419-5

9 786263 444195

古代歷史文化研究輯刊
三十編　第十四冊　　　　　　　ISBN：978-626-344-419-5

宋代禪宗僧侶世俗化的研究（下）

作　　者　張俊儒
主　　編　王明蓀
總 編 輯　杜潔祥
副總編輯　楊嘉樂
編輯主任　許郁翎
編　　輯　張雅淋、潘玟靜　美術編輯　陳逸婷
出　　版　花木蘭文化事業有限公司
發 行 人　高小娟
聯絡地址　235 新北市中和區中安街七二號十三樓
　　　　　電話：02-2923-1455／傳真：02-2923-1452
網　　址　http://www.huamulan.tw 信箱 service@huamulans.com
印　　刷　普羅文化出版廣告事業
初　　版　2023 年 9 月
定　　價　三十編 15 冊（精裝）新台幣 42,000 元　　版權所有·請勿翻印

宋代禪宗僧侶世俗化的研究（下）

張俊儒　著

第三章　宋僧文史創作概覽：世俗與神聖的糾葛

　　宋代僧侶群體規模較為龐大，這一方面表徵了當時佛教勢力之強盛，同時從不好的一面看，大量的僧侶也意味着冗濫者較多的事實。龐大教團成了宗教世俗化的誘因，其將佛教這樣一個原本哲學化精英式的宗教降格為一信仰實踐形的平民宗教（Popular Religion）。與這一世俗化的浪潮相反，當時還存在有一相當數量的精銳群體，他們仍然在孜孜矻矻的追求經論的深意，以維繫教派理性與學術面向，使宗教之品味不至於徹底頹壞。這一相輔相成的情形，構成了宋代佛教，尤其是禪宗教團組織的全部真相。由制度、經濟所引起的宗教世俗化浪潮在前面兩章中已經多有論述，這一章我們會將精力集中在文化領域的研究上，以闡明僧侶文學和史學方面創作的機制。

　　據李國玲女史之《宋僧著述考》統計，目前可考的「宋僧著述達到了 1183種，現存 818 種，佚亡 365 種」〔註1〕。這個數字中包括了一部分新譯的經論，其「多半屬於密教經典，講義理的並不多……它在中國佛教史上的影響，卻是微乎其微」〔註2〕。呂澂言當時譯經的數目為「二百五十二部，四百八十一

〔註 1〕李國玲編著：《宋僧著述考》，成都：四川大學出版社，2007 年，第 1 頁。
〔註 2〕郭朋編著：《宋元佛教》，福州：福建人民出版社，1981 年，第 13 頁。雖然宋代的譯經在中國佛教史上影響甚微，但其所翻密教經典對宋代民間信仰形式有較大改變，尤其是持咒及屍身法引起了「人祭」風的盛行，這種情形在其它的朝代是很難想像的，詳參劉黎明《宋代民間人祭之風與密宗的屍身法術》，載《四川大學學報（哲學社會科學版）》，2005 年第 3 期，第 92～97 頁，以及呂建福著《中國密教史》，北京：中國社會科學出版社，1995 年，第 433～463 頁。

卷」〔註3〕，則宋僧獨立撰述的著作大約九百三十部，去掉亡佚者見存不到六百部。這九百餘部作品由四百五十多人完成。當然上述數字僅代表卷帙完整的作品，若考慮單篇散行者，這個數字可能要略微龐大一些，但不會很多。宋僧的著述量對比前代上升較多，這是僧侶數量也大幅上升的基礎上造就的，故以更可靠的比例來論（即能離章辨句的創作者的占比），其成就只能看作唐以來的繼承和延續，很難說有較大的發展。

宋代新譯經之外的作品可略分為五類：第一類是詩古文詞等抒發心志的集部之作；第二類為繫事編年有史傳性質的史部著作；第三類是對佛教經、律、論等所做的注疏；第四類乃靈異傳、感應傳之類的輔教之書；第五類為呼應宋學潮流的解經之作。此外另有一類難以歸併在上述分類之中，但因為數量太少不達十種，不宜單開目次，故在此處略作交待存之可也。這是一類雜著，涉及醫卜星相的技術，如曇瑩的《珞琭子賦註二卷》、贊寧《筍譜》、可觀《菊坡百卉錄》等。值得說明的是，這一分類有一些不可靠的地方，如史傳、歌讚乃至禮懺的懺詞，若寫的斐然成章則亦可以劃歸到文學的範疇內，而筆記、詩詞中亦往往有可作史料觀的佳構，其互相穿插滲透處難以釐清，故似此等鹵莽滅裂強鑿混沌的歸類，僅可作後續行文的便宜之用。

第一節　宋代僧侶知識背景的文獻學考察

宋代僧侶不再單傳的追求佛教專業的知識，他們有時候會對儒家表現出極大的興趣，這與以前的出家人有許多不同，僧傳中記錄的典範僧侶都是厭棄了儒家學問，然後再矢志追求佛教解脫哲學的。而此時僧侶知識重心的複雜化，可能與當時教派過度介入到社會潮流中有關，畢竟儒家一直作為正統的意識形態，具有無與倫比的影響力。也可能是單純的與三教合流的風氣有關，不論如何，必須認識到當時僧侶知識狀況呈現出一種雜糅的形態。具體來說，在探討他們的學識修養問題時，天台宗孤山智圓的話常常會被作為典範而提及：「故吾修身以儒，治心以釋」〔註4〕。智圓本人學識精洽，受儒佛二家之沾溉，其他人卻未必有這樣的境界。古代能識文斷字者，幾乎都有閱讀儒學典籍的經歷，但真能像智圓所言以其為修身之資的恐怕不是很多。因

〔註3〕中國佛教協會編：《中國佛教・第二輯》，上海：東方出版中心，第235頁。
〔註4〕《全宋文》第8冊，第289頁。

而這句話更多只能看作智圓對自我的剖析，他所以有這樣的體認還有一些特殊的因緣。他的傳記中載「自號中庸子……十五知騷雅，多為唐律詩，二十一將從師儒受周孔道，為文以訓世。會疾所縈，因自訟曰：『汝浮屠子，髮既祝矣，形既毀矣，而不習釋氏之典，乃外慕儒學，忘本北義，又豈稱周孔之旨乎！』」〔註5〕他似乎對儒家的典籍頗多偏愛，這估計是性情的原因。由於家庭出身等要素他才出家成了沙門，這是後話。又《閒居編》勒成之後，智圓於大中祥符九年自序其文曰：

> 錢塘釋智圓，字無外，自號中庸子。於講佛經之外，好讀周、孔、揚、孟書。往往學古文，以宗其道；又愛吟五七言詩，以樂其性情。隨有所得，皆以草稿投壞囊中，未嘗寫一淨本，兒童輩旋充脂燭之費，故其逸者多矣。今年夏養病於孤山下，因令後學寫出所存者。其後有所得，亦欲隨而編之。非求譽當時，抑亦從吾所好爾。〔註6〕

智圓對天台宗在趙宋的復興居功甚偉，講經之外，他常以儒書陶冶性情，甚至在注疏佛典時也有意的自比於康成之注傳。他對儒學的推崇有鮮明的個性因素，而這一性格的養成固然與他本人淵博的學識有關，更重要的是儒學給了他以全新的啟發，讓他在四明知禮的天台圓教之外，又重建了一山外之學。他對內外之學的分判，尤其是將佛學自拘在心性意識的層次，讓其可以以退為進參與到了社會秩序重建的進程中來。「因為此一治心可以理解為一更高層面的秩序建設」〔註7〕，何解？智圓的目的在於將佛教整個「轉化為心性層面的秩序之學」，從而達到「治世、治身、治心」的格局〔註8〕。治世、治身固有待於治心而實現者，則內學遂成為維持社會所必須的環節。將佛學化約為實用之學，自是為緩解政教關係緊張所帶來的壓力，而清晰界限的釐定，又防止了其被儒學消融的風險。智圓擁有極高明的眼界而又取法中庸，故能具備這一超出同儕的認識。縱觀天水一朝，能洞悉其心緒而又克紹箕裘者，也就只有幾個人而已。況且此理論雖有實踐之可能，但對後來者之學識、襟抱均有特別要求，希求所有僧侶均能儒治身佛治心，這是不現實的。所以不憚辭費的討論智圓的知

〔註5〕董平主編《杭州佛教文獻集萃第1輯·第4冊》，北京：宗教文化出版社，2016年，第2345～2346頁。

〔註6〕《宋僧著述考》，第177頁。

〔註7〕吳忠偉著《宋代天臺佛教思想研究》，北京：宗教文化出版社，2017年，第223頁。

〔註8〕《宋代天臺佛教思想研究》，第222、223頁。

識背景，目的在於揭示他自我評價之後的深層次原因，同時也希望可以說明這樣的學問構成（儒佛並濟）具有很強的個體性和偶然性，絕不是一種普遍化的形態。

外儒內釋既然不足以評價宋僧的整體知識狀態，那麼其真實的情況如何呢？一個人選擇成為釋子，按照情理佛學的修習是必須的步驟，不過隨根器和勤奮的程度會有一些深淺的差異。禪宗大興之後，佛教徒對深湛經義的學習表現出一定的厭棄態度，這也形成了當時佛教界空疏浮泛的風氣。天下衲子爭相談禪，束書不觀者十居其九，故真能對佛教經論二臧有切實之瞭解者當為數不多。這一狀況形成的時間可以追溯到禪宗早期的歷史，彼時僧尼採用了山處穴居的生活方式，他們從另一個角度看屬於當時的流民，這是無產者群體的先聲。這種生活方式決定了他們秉持着一種原始的民粹思潮，此思潮含有否定知識、批判權威的傾向。即後來禪宗的主張由它本身所具有的革命性來決定，流民群體具有一種徹底的批判精神，因此他們對其它宗派的批判要多過接納。又他們早期的祖師既屬於流民群體，很難有受教育的機會，因此其假設了人先天對知識的佔有。在這一前提下，他們主張眾生只要通過自我的心性修養，即可成就佛陀的智慧，這是符合他們階層利益的看法。這一主張最核心的內容就是自力的要求，即通過不假外求的自悟來達到其它宗派追求的境界，這種情況下，一個人機械的追求再多世間知識也不能增加一分自性。孔滋參考鈴木大拙的理論在其《佛教的本質及其發展》中指出：

（禪宗）一般對佛教各項傳統的看法都帶有敵意，佛像與經典遭致侮蔑，各種傳統受到了處心積慮的古怪行徑嘲笑。禪表明了激進的經驗主義精神……禪宗講究直指超文字傳統的佛境。他們不重視經典的研究……對各種註解的討論、窮探經典、沉思語句等等舉動都被看成好像是在海底撈針一樣……與那本心相較起來，別的就沒什麼重要了。歷史學者對於上述態度，認為是中國國民性格的實際迴轉。

禪反對形而上的沉思，反對理論，並且要除去推理。他們以直接開悟為榮的程度高於巧構微妙的思想之網。真理不是用抽象的及一般的語詞來敘述，而要盡可能的具體……解脫就在日長生活中可以發現……巴利語佛典《長老偈》（Psalms of the Brethren）與《長老尼偈》（Psalms of Sisters）在「古老智慧學派中」也顯示出微不足道

的偶然事件很容易產生究竟的覺悟。〔註9〕

這一輕視知識的傳統從惠能的故事中亦可看出端倪。「尼無盡藏讀《涅槃經》，執經問字。祖曰：『字即不識，義則請問。』尼曰：『字且不識，焉能知義？』祖曰：『諸佛妙理，非關文字。』其隨機示人，類如此。」〔註10〕雖然這樣的情形後來有所好轉，但是相較其它支派他們閱讀經藏的範圍、數量仍非常有限，大多僅限於語錄、公案之類。鄙棄知識的風氣一直在禪宗內部流行，即使後來有僧侶做了修正，而其流弊也始終未能清除，部分僧尼將文字視為障道的葛藤。葛藤本出自《出曜經》，謂眾生墮於愛網者，「猶如葛藤纏樹，至末遍則樹枯」〔註11〕。《碧巖錄》：「此事無許多論說，而未透者，卻要如此；若透得，便見古人意旨，看取雪竇打葛藤。」〔註12〕一般的看法是禪宗只不執着於文字皮相，並非全然的拒斥內涵。此論證犯了以偏概全的錯誤，以全體禪僧的知識狀態來看，不執着文字云云似乎很難得到有力證據的支持。

禪風影響下的宋僧既有束書不觀的傳統，則他們教導後輩時採用的方法與以前其它支派必然不同，他們推崇「學者參問，以心為宗，以悟為則」的理念〔註13〕，這正是上文反復討論的自力求證的原則，開悟者不經過持久而細緻的基礎知識學習就可以成為禪師，這與以往的習慣全然不同。自力解脫的原則正是維持禪宗群體的關鍵理念之一，我們已經知道為了維持教派的繁榮，他們在這一理念的策動下，採取了一系列社會層面的措施，包括統一管理開悟認證、綜合分配世俗利益等。這在一定程度上保證了禪宗作為佛教支脈的地位，然而因為不學的緣故，其理念的穩定性較其它支派要差很多，這就導致不斷有新的詩興的看法出來。而不能及時預流這種趨勢的分派則會迅速的式微，這也可以看作禪宗支派勢力消長劇烈的一個原因，甚至到了近代虛雲之前整個宗派有中斷的風險。宋代之後禪宗慧命長時間處於命若懸絲的狀態，不過換一個角度則可以視其狀態為普遍低迷下的連續性。與禪宗長時間變動的理念不同，他們對新手沙彌的教育卻保持了穩定性，且與其它派別

〔註9〕（德）孔滋著，胡國堅譯《佛教的本質及其發展》，貴陽：貴州大學出版社，2013年，第187頁。

〔註10〕王孺童著《王孺童集第8卷·壇經諸本精校釋義》，北京：宗教文化出版社，2018年，第330頁。

〔註11〕《大正藏》，第4冊635頁中欄。

〔註12〕《大正藏》，第48冊第146頁中欄。

〔註13〕《佛祖統紀》，《大正藏》第49冊第395頁上欄。

區別不大。普通僧尼獲取知識的一般途徑以耳食為主，間有對語錄、公案的參詳，但由於識字率的影響，後者對總體知識提高的貢獻較低，即大部分僧侶只能通過別人的講解或者複述來獲取宗教知識。既由耳食則必有登臺講法者，講經者大都由臘高學碩的精英僧侶擔任。從僧團的整體狀態來看，這些精英僧侶共享了一種新的知識形態，一種膚淺而通俗化的佛教理論。此理論可以看作是對四諦更方便化的宣說，有關解脫的甚深義涉及很少，茲將其相關內容作一簡要之說明。

一個正式的僧侶最早接受的正規教育應當是戒師對其宣示的戒律，值得注意的是戒律的領受並不僅由受戒時的唱導完成，它還包括了一系列零散的前期準備，這些工作由剃度師及其它和合僧主導。戒律由一系列經典闡明，包括整個律藏以及部分經藏的內容，隨宗派或者寺院又有很大的不同。一個僧尼所領受的戒條比較有限，他並不需要對所有相關文本都做了解。戒律本義是關於「比丘的修習規則以及使僧伽生活平穩運行的條例與儀式」〔註14〕。比丘受大戒的學習經歷會給其留下最深刻的印象，那麼這些戒律如何影響僧侶素質的提升呢？戒條及其背後所蘊含的邏輯，要求彰顯一種「公式化、非天生的」品德，不過更重要的是它同時也「培育心靈以消除不道德的根源」〔註15〕，這是對生命素質的提高。佛教的戒律「極大的限制了沉溺於愛欲，並且提倡一種對僧尼他們自己有利的非常自治的平靜的生活方式，以及樹立在俗眾中增信的榜樣」〔註16〕。以戒經之本《梵網經》為例，此經提出了十重戒和四十八輕戒的同時，也羅列了六十二種外道邪見，並以空性為原則，對這些邪見進行了駁斥。印光稱讚其能「陶煉一切若聖若凡，俾其究竟斷除三惑，親證三德，復本具之佛性，成無上之佛果之大法也」〔註17〕。從這些表述中可以看到，佛教戒律所包含的觀點都源於對基本原則，尤其是緣起法及四諦的發明，僧尼在學戒的同時會潛移默化的了解佛教若干基本原則。這是一種粗糙但有效的教育手段。不過其弊端也非常明顯，義學的簡略化處理會導致僧伽

〔註14〕《佛教倫理學導論：基礎、價值與問題》上冊，第92頁。同頁提到了戒律的三條主要內容：（1）規則本身；（2）導致佛陀頒布每條規則的假定的情景，通常包括俗人對僧人行為的一些批評；（3）抵消或減輕偏離規則所帶來的一般結果的緩和情景。

〔註15〕《佛教倫理學導論：基礎、價值與問題》上冊，第93頁。

〔註16〕《佛教倫理學導論：基礎、價值與問題》上冊，第93頁。

〔註17〕印光著《印光法師文抄》續編下，成都：巴蜀書社，2015年，第13頁。

對佛教知識膚淺化表面化的理解。佛教名相自有其內蘊之邏輯，若不能拆皮見骨則往往只會口道而心疑。佛教的許多知識都有嚴密的邏輯性，從根本上看不太適合本土人學習，因此若不能有充分的理解，而僅僅停留在與人為善這個層次，即流於為善妨非的說教，那麼他的教理水平與一般山野居士區別不大。

　　戒律作為僧尼行為規範的標準，其導引性的作用十分強。當一個沙彌學戒的時候，他會順便的瞭解一些粗淺的名相，這是提高宗教素養的一種路徑。然而戒律本身包含兩層意思，既有對正確行為的鼓勵，則同時亦有對錯誤的懲處。懲罰的手段各宗都有明確的規定，如訓誠、勞役乃至遷單，這些方法對僧伽培養合適的威儀有一定的作用，同時也能維持僧團的穩定性。除了這類手段之外，另有一種懲處策略經由觀念層面來發生作用。即通過宣揚某種類型的故事，尤其是涉及因果報應的靈驗記之類，以達到鼓勵或恫嚇的目的。如唐絳州龍興寺木塔院玄約「落髮之後，滿足律儀，檢查己心，循其戒範，精持止作，未嘗穿穴。自茲名節頓高，流輩窺仰。」〔註 18〕又惠滿「所居草室，忽為火燒，風焰俱盛，將延西及滿。索水潠之，因即風回火滅，得無燒爇……斯戒德之威也。」〔註 19〕這是對守戒者的褒揚和鼓勵，對破戒僧恫嚇與批判很多，茲舉一例：

　　　　經行寺僧行蘊，為其寺都僧。嘗及初秋，將備盂蘭會，灑掃堂殿，齊整佛事。見一佛前化生，姿容妖冶，手持蓮花，向人似有意。師因戲謂所使家人曰：「世間女人有似此者，我以為婦。」其夕歸院，夜未分，有款扉者曰：「蓮花娘子來！」蘊都師不知悟也，即應曰：「官家法禁極嚴，今寺門已閉，夫人何從至此？」既開門，蓮花及一從婢，妖資麗質，妙絕無倫。謂蘊都師曰：「多種中無量勝因，常得親奉大圓正智。不謂今日，聞師一言，忽生俗想。今已謫為人，當奉執巾帨。朝來之意，豈遽忘耶？」蘊都師曰：「某信愚昧，常獲僧戒。素非省相識，何嘗見夫人，遂相給也？」即曰：「師朝來佛前見我，謂家人曰，倘貌類我，將以為婦，言猶在耳。我感師此言，誠願委質。」因自袖中出化生曰：「豈相給乎？」蘊師悟非人，迴惶

〔註 18〕（宋）贊寧撰，范祥雍點校《宋高僧傳》，上海：上海古籍出版社，2017 年，第 129 頁。

〔註 19〕《四朝高僧傳・續高僧傳》，北京：中國書店，2018 年，第 101 頁。

之際，蓮花即顧侍婢曰：「露仙可備帷幄。」露仙乃陳設寢處，皆極
華美。蘊雖駭異，然心亦喜之，謂蓮花曰：「某便誓心矣，但以僧法
不容，久居寺舍，如何？」蓮花大笑曰：「某天人，豈凡識所及！且
終不以累師。」遂綢繆敍語，詞氣清婉。俄而滅燭，童子等猶潛聽
伺之。未食頃，忽聞蘊失聲，冤楚頗極。遽引燎照之，至則拒戶闔，
禁不可發。但聞猙牙齧訐嚼骨之聲，如胡人語音而大罵曰：「賊禿
奴，遣爾辭家剃髮，因何起妄想之心。假如我真女人，豈嫁與爾作
婦耶？」於是馳告寺眾，壞垣以窺之，乃二夜叉也，鋸牙植髮，長
比巨人，哮叫拿獲，騰踔而出。後僧見佛座壁上，有二畫夜叉，正
類所曙，脣吻間猶有血痕焉。〔註20〕

從現存的一些資料來看，學戒的過程中也必須學習這些內容，亦即彰善癉惡的
故事是與戒律本身相配合的。這一點不僅能強化他們守戒的意識，同時也可以
加強宗教的神祕感，以提高信徒的委身程度。如僧尼在學戒時自誓的發願文，
如 P.2668 號背《受八關齋戒文》：

善男子善女人等，今者是大齋之日。龍天八部，天曹地府，善
惡部官，一切靈神。降下閻浮察諸眾生，所有善惡之日，若有眾生
不修齋戒，造諸惡業，閻羅大王使諸錄其名字，將過閻羅王所，命
終之後受無量苦，所以大慈悲父流此要門，令每月六齋日受持八
戒……即啟請已，當須想徹發露懺悔諸罪，及發增長之心，方堪受
戒。若不發心而受戒者，猶如覆缽承水無所容納。如世嫌谷響須止
自聲，厭苦須斷惡。當知大聖滅沒，經歷多歲，諸大菩薩茫蕩，希
現世間。斯則佛日潛輝，三乘道塞，魔軍熾盛，欲賊竟興，殘害有
情，未曾止息，輪迴五趣，受無量苦，皆由不修戒品，專行十惡，
廣造諸罪，至使無始時來，受如斯苦。是故大聖垂慈開方便門，令
教懺悔受戒，方逆生死。今各各生怕怖，至誠心懺悔（諸）罪。〔註21〕

從發願文可以看出，僧侶的自我要求出於畏懼的心理，同時也能藉此瞭解其宗
教知識狀態。學戒完成之後，僧侶心中增長的是因果報應的觀念，這是佛教最
為廣傳的理念之一，戒律學習剛好可以加強和鞏固這個理念。前文對漢傳僧侶

〔註20〕 （宋）李昉等編，張國風匯校《太平廣記匯校》，北京：北京燕山出版社，2011
年，第 6045～6046 頁。原文中有錯誤，已徑改。

〔註21〕 《法國國家圖書館藏敦煌西域文獻》第 17 冊，上海：上海古籍出版社，2002
年，第 159 頁。

之業力知識已經作了較多說明，他們所信從的業力論更類似於一種宿命論，這不是佛教業力學說的完整狀態，這裏雖然也有宿命論的痕跡，但更多的應該是神主論，即對違戒者的懲罰力量不僅來自業力的纏縛，還有以教主為代表的異己力量的責罰。瞭解了這些內容之後，他們的宗教知識雖然較普通人強一些，但是對佛教精深的內容仍然掌握很少。

受戒後僧尼會被分配職事，這個時候修行雖然也被看重，但推動寺院的正常運轉纔是當務之急。因此處理俗務協助管理寺院就成了他們的主要任務了，這也導致許多僧侶很少有精力追求更高深的知識。也即部分僧尼對佛教的理解不會比一般的信眾高多少，當然這是就經論二藏所言，律藏在過去有許多祕傳的特徵，出家人掌握律藏的程度要遠高於普通信眾。質言之，律藏對僧尼世界觀有很強的塑造作用，然而又因為程序及內容的缺陷，導致初度僧侶對佛教義理的認識停留在較低的層次。他們初步瞭解了名相的含義，並認為「止惡向善、淨意修德、因果報應和輪迴轉世的通俗化和現實化的」方式，就是佛教的全部真相，遂特別推崇「三世六道和善惡報應」的思想，「高深的佛教教義無法為其領悟」〔註22〕。

少部分有較高求知慾的僧侶，在經過了戒律學習之後仍保持著較高的求知慾，他們會通過寺院的講經和自我學習來提高，像永明延壽禪師，「以賢首、慈恩、天臺三宗互有同異，館其徒之知法者，博閱義海，更相質難，師以心宗之衡以準平之；又集大乘經論六十部，兩土賢聖三百家之言，證成唯心之旨，為書百卷，名曰《宗鏡》，傳於世。」〔註23〕永明壽禪師盡參了各宗法門，並通過比較其異同，而產生了更高明的見解。不過他的事例並不具有典型性，這是由當時的識字率決定的，況且書籍也比較難得，一般的寺廟很難提供大量閱讀的條件，因此參與講經就成了最主要的學習手段。講經分為兩種，宗密在《大方光圓覺修多羅了義經疏》中言：「造塔造寺，供佛供僧，持呪持經，僧講俗講。」〔註24〕這是第一種，這種僧講是面向所有後進的講教，具備較正式的儀式。「僧講，安居月傳法講是。（不集俗人類也。若集之，僧被官責。）上來兩寺事皆申所司（可經奏外申州也，一月為期），蒙判行之。若不然者，寺

〔註22〕趙林著《協調與超越：中國思維方式探討》，武漢：武漢大學出版社，2005年，第111頁。
〔註23〕《佛祖統紀》，《大正藏》第49冊第395頁上欄。
〔註24〕（唐）宗密《大方光圓覺修多羅了義經疏》卷下之二，《大正新修大藏經》第39冊，臺北：新文豐出版社，1983年，第568頁。

被官責。」〔註25〕即僧講之時間、地點等都必須有備案程序，所講內容也比較固定，大約為常見之經論。晉謝敷在《安般守意經序》中說：「（世高）安息國王之太子也，審榮辱之浮寄，齊死生乎一貫，遂脫屣於萬乘，抱玄德而遊化。演道教以發矇，表神變以源之」。〔註26〕此處之「演道教、表神變」即僧講的兩種，分別是解釋經論大義，以啟迪愚智，以及神道設教導人歸信。據信部派佛教時期，經是向信徒講解的材料，而論是供出家者學習的文本，此處兩種講法的分別可能從此處來。不過這兩者並非有着不容跨越的區別，對一個僧侶來說，兩種俗講可以互相補充。以宋東京開寶寺僧守真的履歷來看當時的學習內容：

> 釋守真，永興萬年人也。俗姓紀，漢詐帝信之鴻緒。乃祖乃父，素履貞吉，奕葉孝行，充塞閭里，故鄉人美其孝焉，遂目之曰「紀丁蘭」也，真即其後矣。洎黃寇於紀，僖宗蒙塵，車駕避鋒而西幸，咸鎬失守而沒賊，因而徙家居於蜀矣。及冠也，偶遊聖壽寺，見修進律師行出物表，語越常度，乃解帶卸冠，北面而事之。七支既備，先謁從朗師學《起信論》；次依性光師，傳《法界觀》；後禮演祕闍梨，授瑜伽教，竝得心要，咸盡指歸。自明達諸法，宣暢妙典，四十年間略無怠矣，而賜號曰昭信焉。講《起信》及《法界觀》共七十餘遍，皆以燈傳燈，用器投器。嗣乎法者二十許人，開灌頂道場五遍，約度僧尼士庶三千餘人，開水陸道場二十遍。常五更輪，結文殊五髻教法，至夜二更輪，西方無量壽教法。稱阿彌陀尊號，修念佛三昧，期生淨域。一日，謂弟子緣遇曰：「如來不云出息不保入息，吾之壽也幸矣，汝之年也耄矣。今欲順俗從世，預設二塔，其可得乎？」緣遇稽首而對曰：「廣度長老舍院之右地，請建塔者有年矣。今大師屬其意，長老致其美，因緣冥契，安可而止？」於是鳩工而營之，自十月琢磨，至十一月徹績。以開寶四年秋八月九日命眾念佛，佛聲既久，令止，奄然而歸寂，俗壽七十八，僧臘五十三。其月二十一日，焚葬於北永泰門外智度院側。其獲舍利光潤，各將

〔註25〕轉引自白化文《從圓珍述及俗講的兩段文字說起——紀念周太初（一良）先生》，季羨林、饒宗頤、周一良主編《敦煌吐魯番研究》第六卷，北京：北京大學出版社，2002年，第5頁。

〔註26〕（清）嚴可均輯《全上古三代秦漢三國六朝文》之《全晉文》，卷一三八「謝敷」條，北京：中華書局，1958年，第2259頁。

供養之。〔註27〕

這種講經方式的局限較多，從現存的資料看所講經目非常有限，除了這裡提到的《起信論》《法界觀》之外，基本在《金剛經》《法華經》《維摩詰經》等文本中選擇，對論藏涉及很少，且次數被嚴格限制，故其實用性不足，更像一種儀式化的節俗。〔註28〕這是正常的現象，面向大眾講經首先要考慮聽眾的基礎，太過艱深的內容很難使他們有收穫。因此，這種方式一般都只能看作入門的渠道。真正能起作用的是第二種講經，即師徒間隨順的傳法。以文備為例：

> 法師文備，字昭本，福之侯官鄭氏。誦《法華》、《維摩》、《圓覺》、《十六觀》、《小般若》等，精練不忘。晉天福間，至會稽傳《百法論》，聞天臺三觀為學者指南，遂來謁恩師，晝夜研心。凡《法華》、《淨名》、《光明》疏句，《止觀》諸文，悉洞其旨。每與同門恩師覆述觀法，莫逆於心。恩謂人曰：「備雖後進，已與吾並驅於義解之途矣。」恩師既沒，復北面事恩，以卒其業。師氣度深靖，終日如愚，或勸其誨人，師曰：「講授滿門，祖風未墜，抗迹閒居，從吾所好。」於是陶神妙觀，坐忘一室者三十餘秋。〔註29〕

又如悟恩：

> 法師悟恩，字修已。路氏常熟人。年十三，聞誦《彌陀經》，心有所感，遂投破山興福寺求度。初學毘尼，聞天臺三觀六即之說，深符其意。晉開運初，造錢唐慈光因師室，因講次覆述，剖析幽微，時稱「義虎」。及繼踵開法，道名大播。初是一家教典。自會昌毀廢文義殘闕。師尋繹十妙研核五重。講演大部二十餘過。法華大意昭著於世。師之力也。與人言。不問賢愚悉示一乘圓意。或疑不善逗機。師曰。與作毒鼓之緣耳。平時一食。不離衣鉢。不畜財貨臥必右脇。坐必加趺。晨粥親視明相。每布薩，（此云淨住。）大眾雲集，潸然淚下，蓋思《大集》有「無戒滿閻浮」之言也。……二十五日，

〔註27〕《大正藏》第 50 冊第 871 頁中欄至下欄。

〔註28〕僧講本只在安居月進行，但「也有多條題記顯示講經活動並未在安居月期間……就具有公開性質的講經活動來說，似乎並沒有嚴格限定在安居月期間……安居月期間集中僧尼講經應是最恰當的時間，按政策規定，正規的僧講在安居月期間舉行應當不誤，但各地情況不同，特別是邊地，不按規定舉行講經活動也是情理中事。」轉引自林世田、楊學勇、劉波著《敦煌佛典的流通與改造》，蘭州：甘肅教育出版社，2013 年，第 426 頁。

〔註29〕《大正藏》第 49 冊第 204 頁中欄。

為眾說《止觀指歸》及《觀心大義》，即端坐面西而逝。寺眾文偃聞
空中絲竹鈴鐸之音，久而漸遠。荼毘，得舍利無算。後三十一年，
法孫智圓獲遺骨於學眾，乃鑿石為塔，葬於馬腦坡。〔註30〕

較一般的僧講而言，這種隨順說法效果要好一些，可以隨時展開不說，其所講
解的範圍和內容也更多，因此對門徒的素質的提升作用也更大。且此種方式具
有極大的便利性，開展的環境也不會受到限制，這是精英僧侶成長的主要路
徑。不過這種方式也不是沒有缺點的，傳法師父的素質良莠不齊，也就難以保
證口傳知識的準確性。且非正式的問答會增加隨意性，這不僅表現在形式上，
同樣也表現在內容上。師父會採取一種簡化的說法，並將所授的知識條目化，
這樣佛教作為宗教的面向會被加強，而學術性的部分會降低。

　　總之，僧講的手段，強調的仍然是對後進者聞慧的培養，對思慧和修慧的
關注嚴重不足。除少數特別優秀的僧侶外，僧伽集團的宗教知識會因這種方式
而漸趨萎縮，這多少也是宋元以來佛教不彰的原因之一。此外，能嚴於律己自
我學習的僧侶大都意志堅定，他們以弘揚佛法為己任，會利用每一個機會來學
習，甚至對各宗派的知識都有涉獵，故對佛教整體教理多有契會。佛教慧命不
墜多賴於此輩，如《雲臥紀談》所載之惟正：

惟正禪師，秀之華亭黃氏子。甫五歲，見佛書能指識其字；纔
誘讀，則琅然成誦。逮冠，入杭之北山資聖，師事本如。郡人朱紹
安欲啟帑金為補僧籍，掉頭不諾，乃悵然曰：「古之度人以清機密
旨，今殊不然，正以捨去老幼，童其顛、褐其身而已。奈何真不勝
偽，滔滔皆是耶？」居無何，霈祥符曇渥，獨擁毳袍且弊，同列慢
之。正曰：「佛乎，佛乎，儀相云乎哉！僧乎，僧乎，盛服云乎哉！」
厥後有願輸奉歲時用度，俾繼如之院務。亦復謝曰：「聞托鉢乞食，
未聞安坐以享；聞歷謁諸祖，未聞廢學自任。況我齒茂氣完，正在
筋力為禮，非從事屋廬之秋也。」於是提策東引，學三觀於天臺；
復旋徑山，咨單傳之旨於老宿居素。尋參侍素，董臨安功臣山淨土
院，戮力為集百事。天禧中，素示寂，正從僉議嗣其席。正雅富於
學，作詩有陶、謝趣。臨義、獻書，益尚簡淳。至於吐論卓犖，推為
辯博之雄，如王文康、胥內翰、吳宣獻、蔡密學，皆樂與為方外遊。
然平居識慮瀟然，不牽世累，處己清尚，於詩尤可見矣。《谿行絕句》

〔註30〕《大正藏》第 49 冊第 204 頁上欄。

日：「小谿一曲一詩成，吸盡詩源句愈清。行到上流聊憩寂，雲披煙斷月初明。」皇祐元年孟夏八日，語眾曰：「夫動以對靜，未始有極。吾一動，歷年六十有四。今靜矣，然動靜本何有哉？」於是泊然而逝。〔註31〕

惟正的故事中含有神異的元素，尤其是關於他五歲能閱讀佛書的記載，這雖然有輔教的作用，但玄怪元素抵消了他自我的奮鬥歷程。惟正性格堅韌，求道之心更是如磐石一般特出同儕至上，故落落寡合少有知己，但他自力參學，精究內典，對各派勝義均有涉獵，同時又對儒家之學心領神會，最終成為雅富於學，有陶謝之風的淵博者。除了這類孜孜不倦的勤學者，還有常年累月專事誦經的僧侶，他們通過這種手段也能掌握經論的精髓，所謂「書讀百遍其義自見」即之此類。當然這種唸佛的習慣與淨土的唸佛儀式，以及巫術中咒逐的傳統有關。因而這些僧侶也大都屬於淨土宗派，如思照法師：

法師思照，錢唐陽氏。十四歲從淨住從雅，聽《法華》、《方等》於南屏，復往東掖參神悟，大有契入。既而刺血書《法華》七軸，專修念佛三昧。築小菴曰：「德雲」，後連小閣，為觀落日之所。刻三聖像，每夜過午即起念佛，月二十三日，率道俗繫念，終其身三十年。一旦，語其徒曰：「夜夢佛金身丈六，此往生之兆也。」請僧七日以助念佛，屈指作印，奄從坐化，時宣和元年（1119）春也。闍維之際，頂骨、牙齒皆瑩明如玉石。師於淨土七經一字一禮，《華嚴》《首楞嚴》《金光明》《無量壽》《普賢行法》《遺教》《梵網》《無量義》《略教誡》，四分戒本皆然。唯《法華》十過，總得二百七十卷。誦《法華》千部，《無量壽佛經》五藏，《阿彌陀經》十藏云。〔註32〕

思照不僅誦讀諸經，兼且刺血以書，這不僅完成了作為僧侶的學習過程，同時也是踐行其信仰的表現。當然這種類似苦行的僧侶大都意志堅定慧根深淳，故而其學識出眾也在情理之中。

除戒學以及僧講兩種主要教育手段之外，僧侶還能從儀式中學習宗教知識。儀式有日常和節慶兩類，日常行事主要指課誦和禪觀。禪觀的情況較為複雜，它旨在尋求一種深靜慮的狀態以擺脫五欲糾纏。其手段大都是祕傳的，比如安那般那、白骨觀、十變處等，因為其秘密的屬性，故常有僧尼以其為寶炫

〔註31〕《新纂卍續藏》第86冊，第673頁上欄。
〔註32〕《大正藏》第49冊，第221頁下欄到222頁上欄。

惑信徒。禪觀對宗教知識的增長有限，但它可以幫助教徒在一種澄心凝意的狀況中反省自己，這樣的靜功能培養一種沉穩內斂的氣質，以更符合其究級解脫的理想。這種理想多少帶有一些厭世的情緒，禪觀的行為正是對涅槃的一種象喻式模仿。宋代的課誦非常混亂，各宗派乃至各寺院都有自己的規矩，有一天一次的，也有三次乃至五次的。誦讀的內容從《楞嚴咒》《大悲咒》《金剛經》《心經》到《阿彌陀經》《大懺悔文》以及純粹的佛名，不一而足。課誦有很強的機械性，它會磨滅個體化的特徵，從而在僧侶中建立建立起一種基於集體觀念的道德主義，以便主流權威約束所有信仰者。換言之，這一常規舉措可以培養個體的歸屬感，並使「個體的道德信仰傾向相同」，從而「建立或維繫一種個體凝聚於其中的共同生活」〔註33〕。

　　節慶禮俗又有常規和特殊之分。常規的節俗為四月十八的佛誕和七月十五的自恣，這兩個日子分別要舉辦浴佛法會和盂蘭盆會，這是固定的宗教節儀。其意義、程序都相對明確，惟盂蘭盆會唐以後加入了水陸法會的儀式，其目的乃是布施地獄受苦的眾生，似本非胡俗乃中原固有之儀瀾入所致，其餘內容此處暫且不再多言。特別的儀俗主要指「為寺塔落成，一項佛教事業的成就及寫經、譯經、講論、迎佛骨、祈雨、平亂祈禱、祝賀紀念、謝禮」所舉行的齋會〔註34〕，其採用的科儀形式和程序相對不固定，故這種形式極大豐富了佛教科儀的內涵。同時因其本身的隨意性，又加劇了與民間傳統宗教習俗合流的趨勢，這種合流是雙向的，既有以佛教齋儀為根基，同時也有以民間的神道教為根基的。總得來看，此趨勢對佛教這種知識型的宗教是有害的，主要表現為基本名相的泛化理解，以及迷信成分的大量湧入，其結果是佛教的名相詮解的隨意化。普通僧侶通過儀式學習佛教知識容易受到這些內容的蠱惑，這樣他們的知識構成就變的更加複雜。另外迷信成份湧入也帶來了一些交感巫術的內容，比如祓除和祈禳的手段，這些手段常常被描述為能對治一切不妥狀態的靈丹妙藥。以懺法為例，懺法是懺除所犯罪過，悔不再犯，以便來日積極修行的一種宗教儀式，是佛事活動最重要的內容之一。宣稱以齋懺的方式能驅鬼剋邪，是擴大佛教規范在民間信仰中影響的重要方式。梁武帝《慈悲道場懺法》是六朝時期最重要的懺法儀軌。唐開元年間高僧智昇對當時流行的各類懺法

〔註33〕〔英〕菲利普·斯托克斯著，吳叶韻譯《西方哲學常識》，北京：中國友誼出版社，2018年，第255頁。
〔註34〕嚴耀中《佛教戒律與中國社會》，上海：上海古籍出版社，2007年，第314頁。

儀則進行了整理，匯編成《集諸經禮懺儀》。唐末著名僧人知玄所著《慈悲三昧水懺》創制了水懺，一直沿用至今，是中國流傳久遠的一部懺法。懺法的行用對佛教的世俗化產生了很大影響。由於他力救濟的觀念日漸流行，懺法也變成僧人為施主增益福德的手段。這種功利性，正如傅奕所言：「布施一錢，希萬倍之報；持齋一日，冀百日之糧。由於齋懺喪失了自我約束，逐步蛻化成一種世俗的儀式。」〔註35〕懺法的主要功能是對自我行為的檢束，即當「人們由於不明理而產生無明煩惱，而驅使身口意，造下諸多事相重罪」的時候，便需要懺法「使戒律清淨，障道的罪業消滅，根本的智慧現前。」〔註36〕這是佛教懺法的本來義。然而當民間信仰的形式滲入佛教之後，其根本目的發生了移易：蛻變為增益福德的手段。所以有這樣的變化，其根源還在僧侶本身。他們學習的宗教知識畸重有所不同，這是第一點。第二宣揚懺儀的世俗功能更符合教派的利益，然而這種趨勢造成了宗教知識的坍縮，有悖於根本教旨，同時其亦可視為宗教成員素質下降的表徵。祈雨、喪葬、醫療等儀式也有類似的功利性變化，以祈雨為例，《北夢瑣言》載：「偽蜀王氏，梁州天旱，祈禱無驗。僧子郎詣州，雲能致雨。乃具十石甕貯水，僧坐其中，水滅於頂者，凡三日，雨足。州將王宗儔異禮之，檀越雲集。」〔註37〕這種佛教儀式通俗化的背後有一套自身的邏輯，其理路與佛學的關係不大，屬於神道教乃至巫術的層面，核心內容來自原始宗教時代的遺存，以接觸和相似律作為神效的原則。故而齋懺儀式對巫術資源的萃取，通過對包括僧侶在內的信眾迷信思維的培養，來助長通俗社會感性、直覺、反智的思潮。

　　整體來看，宋代僧伽的宗教學識與前代一樣，呈現一種分層的狀態。既有智慧深廣的高僧碩德，同時也有僅知名相的普通僧眾。精英僧侶在僧團中的佔比可能有較大的下降，這是僧侶總數擴大引起的。佛教受民間文化衝擊，許多外道的意識和觀念進入了僧團內部，在這種狀況下最先受到影響的往往是普通僧侶。其有兩方面的根本原因，一方面是因為宋代僧侶人數較多，素質參差不齊所致。另一方面佛教對沙彌的培養手段不夠完善，大部分僧尼不僅沒有完成足夠佛教知識的學習，對教派內外的名相判釋未能深究，耳聽目

〔註35〕馬新、賈艷紅、李浩著《中國古代民間信仰：遠古—隋唐五代》，上海：上海人民出版社，2010年，第315頁。

〔註36〕光泉主編《吳越佛教》第6卷，北京：宗教文化出版社，2011年，第306頁。

〔註37〕（明）馮夢龍評纂，孫大鵬點校《太平廣記鈔》第4冊，武漢：崇文書局，2019年，第965頁。

見的一些觀念並不屬於佛教本身，而是巫術的遺存。這類知識天然的能夠吸引普通民眾，一個未經過系統培養的僧人也會樂意信從。洵俗的方法在任何時候都是信眾樂見樂聞的，也就能帶來更多的經濟收益，因而僧團會有意無意的加強巫術的流傳。僧侶通過學戒、講經以及齋儀等手段，本來僅能做到對佛學名相的基本了解，作為一個神職人員來說這是不足的。他們採信來自民間信仰的內容，並將其內化為佛教學識的一部分，這造成了宗教素質的進一步下降。宋代佛教知識和民間信仰內容未形成有效的隔離，其根本原因還是世俗化的衝擊，僧侶一方面要考慮教團的建設和發展，這就必須洵俗來宣傳針對性的觀念，唯有如此教團才能獲得更多的贊助。另一方面當時佛教整體的文化動向是一種民粹式的，有一些鄙棄專業知識的苗頭，這一思想發展到極致不僅會攻擊知識權威，同時也會擡高民間文化的地位。除了這兩方面之外，如果說還有原因的話，那麼三教合流的趨勢作為外在因素，可能也裹挾了佛教的蛻化，來自道教中的巫術內容很難掃清。總之，宋代普通僧侶的宗教知識基本上就是關於名相、報應以及洵俗的科儀手段的內容。取得度牒者或許略好一些，畢竟早期祠部頒發牒譜需要進行相關內容的考校。後來度牒變成贖買以後，情形就不可細考了。當然，長久以來僧侶隊伍中一直都有宗教修養很高的個體，王荊公曾經問張方平：「孔子去世百年生孟子，後絕無人，或有之而非醇儒。」方平曰：「豈為無人，亦有過孟子者。」王荊公問有何人，張方平的回答為：「馬祖、汾陽、雪峯、巖頭、丹霞、雲門。」安石意未解，方平曰：「儒門淡薄，收拾不住，皆歸釋氏。」安石欣然歎服，後以語張商英，撫几賞之曰：「至哉，此論也！」〔註38〕這種判斷雖然略有誇張的成分，但也大致描述了當時佛教高僧興盛的狀態。佛教能保持並發展，這些人有很大的功勞。

佛教僧侶普遍知識狀態欠佳的情形並不僅僅是宋代如此，長久以來底層僧侶和精英僧侶的素質都差距較大，當然此一情形可能任何宗教中都有存在。宋代禪宗興盛加劇了這種情形的發展。禪宗僧尼崇尚一種自然順遂的狀態，同時蔑棄過度雕琢的風格。這種好尚不僅改變了他們的生活方式，也影響了審美的品位。他們更偏愛如語錄、頌古之類充滿了文學色彩的作品，一方面這些作品有詩話的語言，另一方面它們的形式上又表現出一些程式化的特徵。這樣矛盾的形態陶冶人情操提高審美品味的同時，也會戕害閱讀者創造及思考的能

〔註38〕《大正藏》第49冊，第415頁中欄下欄。

力。文學性是禪宗獨創審美品味的表現，而程式化則反映了他們對自我身份的認識。這兩方面共同構成了宋代佛教寫作的全部真相，文學性的寫作已經有許多研究者進行過相關的討論，因而我們在這裏選擇關注的是他們身份性的寫作，並且認為宋代僧尼的創作實踐表現出了極強的身份相關性。即他們的寫作是自身宗教身份的延續，對佛教徒這一創作主體的不斷提示，可以從他們的作品的方方面面中觀察到。同時應該注意到佛教語錄、靈驗記等皆是由素質較高的群體創作，這些神職人員的異質性背景決定了僅通過知識構成來分析其作品會略顯不足，為完整計仍需要討論他們創作的心態，亦即宗教身份對他們表情達意乃至寫作風格的影響。

第二節　宋僧文學創作的心態及風格

一、宋僧創作心態概論

　　創作心態是一個外來的批評概念，其本源與古典文化中的「知人論世」說多有相似之處。它指「作家進行各種創作時具體的心理狀態」〔註39〕，這個定義要求摒除作者創作前構思、孕育的心理過程，只討論創作中心理的變動。當然特殊的創作心理並不能憑空產生，它仍然要以平時的學習、積累作為根基來討論。以西方文藝理論對古典創作心態的構成進行探賾，具有相當的困難。傳統的文學批評觀念對創作的程序有特殊要求，其心理狀態往往被粗糙的描述為「虛靜」或者「澄慮」〔註40〕，創作論又有相反的要求，它號召作者思接千載心騖八極，這是思維的急劇變化，同時又是玄言的概念，其似乎具備生發一切理論的可能，然而細究起來對心態的有效討論很少。既然不能獲取直接信息，則只能迂迴推測，不過今古相去既遠，時勢有所不同，若不能取得同情之理解而遽論心態，不具備同理的可能性。這裡將採用解構的方式，將影響僧尼創作的心理要素分門別類，以部分要素來推斷整體狀況，這是退而求其次的策

〔註39〕 蔡毅《創作之祕：文學創作發生論》，昆明：雲南人民出版社，2010年，第267頁。

〔註40〕 《文賦》：「佇中區以玄覽」「收視反聽，耽思旁訊」「罄澄心以凝思，眇眾慮以為言」，見陸機著、張懷瑾譯註《文賦譯註》，北京：北京出版社，1984年，第20頁、第22頁、第25頁。《文心雕龍》：「寂然凝慮，思接千載」「是以陶鈞文思，貴在虛靜；疏瀹五藏，澡雪精神」，見周振甫譯註《文心雕龍選譯》，南京：鳳凰出版社，2017年，第84頁。

略。理想的方法是採用完形心理學的路徑,「感知整體而非其部分」〔註41〕,但顯然這個方法難以實現。專以僧伽心理為研究對象的著作有陳兵的《佛教心理學》,〔註42〕這部著作篤實嚴謹、體大精思,其中有許多地方討論了僧伽創作的過程。第十八章更專門闢有一節,以討論佛教心理與文藝創作的關係,闡明了佛教提供的審美範型對文藝創作的啟發。但陳氏將創作主體擴大到了所有佞佛者,且其所取之方法亦以美學為主,與本章專以僧尼為對象的設定前提,以及研究取徑都有所區別。

影響宗教人員心理的關鍵要素是身份問題,僧尼對自我身份的認知決定了他行為的模式,畢竟他們的身份兼具有神聖與世俗兩重性質。宗教身份之獲取需經過專門之行政化手續,即通過試經或者贖買獲得戒牒,按照行政觀點來看獲得戒牒即意味着擁有了合法的僧侶身份,但這對心態的影響是表面化的。戒牒標誌着他具備了部分特權,比如勞役的免除、傳教的許可等,同時也伴隨一些權利的喪失,這一類像不能結婚、必須喫素等。權利的喪失是通過固定戒律文本為法律的形式來實現的,有些雖然沒有被專門寫進法律,但是他們的行為受到了社會的監督,從某種意義來看也具有習慣法的影子。戒律被用以防非止惡,大約可以籠統的分作兩類:止持戒和作持戒。前者防止惡行,如五戒、八戒,後者增長善行,如《四分律》的二十犍度。戒律的提醒功能是構成其身份自我認知的一個關鍵。當他踐行這些條款時,他同時會獲得政府和教派賦予的兩重力量,並且神聖和世俗也會在他身上發生糾葛。因此,僧人身份的建立過程中,戒律起了最重要的作用,故也最能影響他們的心態。亦即從普通人到出家人,真正的改變並不來自稱呼、衣着等外在形式,而是強制的習慣的變化。新舊習慣的不同不斷強化着僧尼對身份轉化的認識,這種外在的變化經過積累會反映在心態之中,而心態的改變又會反作用於行為的模式。認知的影響涉及到各個層面,當然也包括將要討論的僧侶的創作問題,戒律中與創作有直接關係的屬語言的部分。當然防非止惡的要求也會有相應的促進或者限制作用,不過這種影響很難做出精確的說明,屬於隱微不易察覺的部分,因而這裏只分

〔註41〕 劉辰誕著《結構和邊界》,上海:上海外語教育出版社,2008 年,第 7 頁。完形心理學要求對對象有整體的感知,如果解構物體並將其分的過度細小,那麼一部分意義將會喪失,然而這裡無法預先清楚僧尼的創作心態,只能將可能有影響的因素拆解,以期能管中窺豹,同時要警醒對某些因素的影響權重的判斷失衡。

〔註42〕 陳兵著《佛教心理學》,西安,陝西師範大學出版總社有限公司,2016 年。

析更直接、更明確的部分，即言語戒律的部分。

　　根本五戒中有妄語一條，經推廣而成的十戒中，亦有以下數條與言語有關：不妄語、不兩舌、不惡口、不綺語。五戒中妄語的戒條文為：「若比丘，知而妄語者，犯波逸提。」〔註43〕則其定義可表述為「不知言知，知言不知，不見言見，見言不見，不覺言覺，覺言不覺，不聞言聞，聞言不聞」，其方法包括「自妄語、教人妄語、遣使妄語、書面妄語、理相妄語（現異惑眾，表示己非凡的威儀，又如默認、暗示、點頭、手勢）等」〔註44〕。具體內容包括兩舌、惡口、綺語等，前兩者含義明顯，分別指挑撥是非以及謗訕、攻訐等，後者即綺語特指「花言巧語、誨淫誨盜、情歌艷詞、說笑搭訕、天南地北、言不及義」。〔註45〕妄語中最難戒除的是綺語，而從事文字創作的僧侶最易犯下的過失同樣是綺語，因而這一條可以算作整個戒律中對創作心態影響最大的一個。「綺語」在文學批評中具備世俗與宗教雙重含義。就世俗性而言，其特指意義蘊藉辭藻華麗有餘味的詩文著作；若考諸宗教之神聖意義則其為四口業之一，或巧利或愚痴或不如法等，按照佛教的觀點這些行為均可招攝苦受。佞佛者於詩詞創作之際頗受此神聖與世俗互相牴牾之觀念煎熬，故多方尋求排遣之道，或以懺儀作戒誨文章、或化內典入於俗文、或引儷辭而至於神聖。其方式不一而足。

二、綺語戒及其對創作心態的影響

　　綺，說文釋為文繒也。文繒即繒之有文者，亦即有紋飾或提花的絲織品。後引申為華美、豔麗之義。因而「綺語」原初當作華美的語句解。如韓愈、孟郊之《城南聯句》：「綺語洗晴雪，嬌詞噥雛鶯。」古典文論中有崇尚綺靡、縟繡的風尚，陸機在《文賦》中強調：「其會意也尚巧，其遣言也貴妍。」並要做到「音聲之迭代，若五色之相宣」。相較儒家理念中單一的內涵，佛教語境中的綺語含義則顯得非常豐富。漢譯首經《佛說四十二章經》中言：「眾生以十事為善，亦以十事為惡。何等為十？身三、口四、意三。身三者，殺、盜、淫。口四者，兩舌、惡口、妄言、綺語。意三者，嫉、恚、痴。如是十事，不順聖道，名十惡行。」〔註46〕這是綺語作為宗教術語的語源，然而《四十二章

〔註43〕釋傳印《四分戒本述義》，北京：佛教文化研究所，2004年，第236頁。
〔註44〕釋聖嚴《戒律學綱要》，新北：法鼓文化出版社，1999年，第69頁。
〔註45〕釋聖嚴《戒律學綱要》，第70頁。
〔註46〕《大正藏》，第17冊第722頁中欄。

經》中並無進一步之闡釋。綺語在梵語中的對應詞有兩個：abaddha、saṃbhinna-pralāpa，前者包含有「不相應」之意，後者則側重「雜染」。因而《成實論》定義「綺語」為「以非時故」，而《俱舍論》則認為「染心所發諸語」，這兩種釋意取向基本和梵語語源相合，另有《大乘義章》認為不正之邪言為綺語。《受十善戒經》：「綺語者，反上作下，反下作上，調戲無節巧言利辭。說無益語，說不利語，說無義語，讚嘆五欲語，心不明瞭語，黑暗語，如刺如林，鉤冑眾生。此人惡報命終，當墮刺林地獄，百千鐵刺鉤其舌出作百千段。」〔註47〕這則定義中有不太明確之處，若將雜糅部分剔除，則綺語可分為三類：巧麗、愚癡、不如法。《廣弘明集》載梁武帝《答菩提樹頌手敕》中言：「覽所上菩提樹頌，捃採致佳，辭味清淨，仰贊法王，稱嘆道樹，意思口說，乃至手書，極得三業之善。但所言國美，皆非事實，不無綺語過也。」〔註48〕梁武帝以為不實為綺語之主要特徵，他生活的南朝梁時期文風綺靡，同時佛教思想十分盛行，按理說綺語所引起的矛盾感也應當最為尖銳。然而縱觀此段文學史，其「綺縠紛披，宮徵靡曼，脣吻遒會，情靈搖蕩」的為文風尚，始終未有改作〔註49〕。白樂天《蘇州南禪院白氏文集記》中言：「其間根源五常，枝派六義，恢王教而宏佛道者多矣。然寓興放言，緣情綺語者，亦往往有之。樂天佛弟子也，備

〔註47〕《大正藏》，第 24 冊第 1028 頁上欄。

〔註48〕《全上古三代秦漢三國六朝文》第 7 冊，河北：河北教育出版社，1997 年，第 54 頁。

〔註49〕南朝梁文人一面搖動筆舌而同時又不斷懺悔，在這一矛盾中他們發現了懺悔的方式，用來排遣自己內心的煎熬。懺悔取其字面之意當為悔謝罪過以請求諒解。義淨所譯根本說一切有部毗奈耶卷十五之註釋謂懺與悔具有不同之意義，懺是請求原諒（輕微）；悔是梵語阿鉢底鉢喇底提舍那之譯，即自申罪狀（說罪）之義。懺悔本為僧尼專用之修行手段，其具備特殊之莊嚴儀軌。據四分律羯磨疏卷一載，懺悔有制教懺與化教懺兩種，前者僅限於出家之五眾、小乘等，而犯業道之罪須行化教之懺悔，此則共通於所有者，即包括在家眾。南朝文士所採用的懺禮當為此種，其手段不外乎禮拜、讚嘆、誦經等行為。其中最知名的當屬沈約之《懺悔文》，其言道：「又綺語者眾，源條煩廣，假妄之衍，雖免大過，微觸細犯，亦難備陳。」又如蕭綱之《六根懺文》於口業條言道：「或復間朋亂友，破俗傷真；變紫奪朱，反白為黑。所以讒言三至，曾母投杼；端木一說，越霸吳亡。故知三寸之舌，未易可掉，駟馬既失，於事難追。願斷煩惑，入清淨境。」此類懺文多無新意，其成法一般為自承過惡，爾後發願痛改前非。「綺語」戒條大行，本當導繁縟之文風歸於醇正，然古人以懺悔之儀式對治，一面放蕩為文，一面自懺過惡，故綺靡之風始終未因此而作稍減。後代作者大都沿此模式自我排遣，而對綺語之認識卻有較大差異。

聞聖教，深信因果，懼結來業，悟知前非……願以今生世俗文字放言綺語之因，轉為將來世世讚佛乘轉法輪之緣也。」〔註50〕白居易將所有不能「根源五常，枝派六義，恢王教而宏佛道者」皆等同於綺語。此說法略嫌廣泛，囊括了所有世俗文字，且與古典的創作論和審美觀都有扞格處，這只能算作佞佛者的一家之言〔註51〕。不過梁武與樂天對綺語戒條的自省，亦可反映此觀念在古典創作論中的地位。綺語並不僅與創作內容有關，在古人觀念中，某些作品的形式本身就有「誨淫誨盜」的犯戒屬性。錢鍾書言「僧徒作詩，雖可藉口，然私衷自知未克造此境界，祇是犯綺語戒，在文字海中漂沒而已。」〔註52〕蘇軾亦云：「新詩綺語亦安用，相與變滅隨東風。」〔註53〕錢先生的觀點不獨可施於詩歌，亦可涵蓋一切佛教文學，蘇詩之綺語說則僅為一種自我調侃。詩歌因雅文學正朔的屬性，受到的非難較少，真正被詬病的文體是詞。

饒宗頤在《詞與禪》中指出：「崇禎間，錢塘吳本泰名其詞集曰《綺語障》。案南宋郡陽張輯詞名曰《東澤綺語債》，吳集之命名即此。綺語者，《大乘義章）云：『邪言不正，其猶綺色，從喻立稱，故名綺語。』佛家引以為戒。敦煌 p3887《懺悔詞》，綺語為十目之一，《愛園詞話》引十戒有綺語，故宋人稱詞曰「語業」。」〔註54〕詞於古典文學中多處豔科閫位，選堂認為自宋以降詞這種文體幾為綺語之別稱也。宋代僧尼對作詞的意見，可從法秀勸黃山谷的諫言中略窺端倪。山谷在《小山集序》中言：「余少時間作樂府，以使酒玩世，道人法秀獨罪余以筆墨勸淫，於我法中當下犁舌之獄。」〔註55〕此事又見於《五燈會元》及《苕溪漁隱叢話》，茲摘錄如下：

〔註50〕張春林編《白居易全集》，北京：中國文史出版社，1999 年，第 583 頁。
〔註51〕周官教禮，不屏野舞縵樂，《詩經》鄭衛之風，更是語涉淫奔，若以五常、六義規模之，則無不可言之語也，是故樂天此說與綺語之實判若雲泥。又觀其寓興緣情之論，所謂寓興者，詩言志也；所謂緣情者，詩緣情也，則古典詩歌之兩大傳統皆可歸在綺語一類，白氏此說幾將其詩廢去泰半，可見其於佛法頗不甚分了。
〔註52〕錢鍾書著《談藝錄》，北京：三聯書店，2007 年，第 580 頁。
〔註53〕曾棗莊、曾濤選註《三蘇選集》，成都：巴蜀書社，2018 年，第 147 頁。此處綺語僅用為泛指，楊萬里、陸游、陳師道也有類似用例，可見於詩歌中而言「綺語」一詞的內涵較為模糊，至少宗教色彩並不強烈。
〔註54〕饒宗頤《詞與禪》，選自《佛教文學短論》，臺北：大乘文化出版社，第 163～171 頁，1980 年。
〔註55〕黃寶華選註《中國古典文學名家選集·黃庭堅》，上海：上海古籍出版社，2016年，第 391 頁。

　　黃山谷好作艷詞，嘗謁圓通秀禪師。秀呵曰：「大丈夫翰墨之妙，甘施於此乎？時秀方戒李伯時畫馬，公笑曰：「無乃復置我於馬腹中耶」。秀曰：「伯時念想在馬腹，墜落不過一身。公以語動天下人淫心，豈止馬腹中？正恐墜泥犁耳」。公悚然愧謝，自是絕筆。〔註56〕

　　法雲老秀，關西人。面目嚴冷，能以禮讓折人。李伯時畫馬，東坡第其筆當不減韓幹。都成黃金易致而伯時畫不可得。師讓之曰：「伯時士大夫，而以畫馬之名行己可恥，矧又畫馬，人誇以為得妙，入馬腹中，亦足可懼。」伯時大驚，不自知身去坐榻，曰：「今當何以洗其過？」師勸畫觀音像以贖其罪。魯直作艷語，人爭傳之，秀呵曰：「翰墨之妙，甘施於此乎？」魯直笑曰：「又當置我於馬腹中耶？」秀曰：「公艷語動天下淫心，不止於馬腹耶，正恐生泥犁耳！」魯直領應之。故一時公卿伏師之善巧也。〔註57〕

《捫蝨新話》亦有相關記載，但對山谷頗有回護：「黃魯直初作艷歌小詞，道人法秀謂其以筆墨誨淫，於我法中，當墮泥犁之獄。魯直自是不復作，以魯直之言能誨淫則可，以為其識見汙下則不可。」〔註58〕山谷佞佛，為世所習知之事，燈錄將其列為黃龍派晦堂祖心的法嗣，他本人與惟清、悟心等禪師亦交往頗深，屬宋人中文章、禪理均造極詣的少數幾人之一。綺語的戒條對其影響很深，他自我反省之後於盛年之時戒酒罷作小詞，這固然是他有超出同輩的機敏感，不過在罷作艷科小詞前，黃氏已經嘗試將此類綺語導歸正途。山谷詞大約可分為兩端：一為本色當行的花間詞，這一類著墨處多在男歡女愛至上，詞大多運思淺露，用語俚俗。第二類則破棄煙水之氣，抒寫人生際遇，其情感真摯，時有終極之思考。前者固不必多言，後者中山谷已經有意將禪機與詞體相合，這固然是在影響的焦慮之下所作出的破體嘗試，然亦不能排除山谷對內心矛盾的解嘲。不過總的來看他一生作詞不多，或與僧侶之規勸有關也未可知。佞佛之士大夫從事特殊文體、特殊內容的創作，有相當的厭悔之心〔註59〕。對受

〔註56〕《大正藏》，第 51 冊第 615 頁中欄。

〔註57〕《筆記小說大觀三十五編》第一冊第 390 頁，揚州：廣陵古籍刻印社，1983年。

〔註58〕《黃庭堅全集》，成都：四川大學出版社，2001 年，第 2534～2535 頁。

〔註59〕雖然宋人視詞為艷科，然而多有固一面自言懺悔，一面仍寫其綺語者，為緩解這一心理矛盾，當時又引入禪法以解救小詞口業的風向。《碧雞漫志》載：「東坡先生非醉心於音律者，偶爾作歌，指出向上一路，新天下耳目，弄筆者始知自振。」（王灼著、岳珍校注《碧雞漫志校證》，北京：人民文學出版

具足戒的僧尼而言，這樣的影響更大。然而仍然存在一部分搖動筆墨者，「在
懺悔中表現出的是一種夾雜愧疚自責和無奈自嘲的複雜情緒，雖然敬憚因果
報應，但仍放不下對於遊戲筆墨的愛好，只能用一邊寫作一邊以自懺的方式寓
以心靈的解脫。」〔註60〕宋人鄭獬序文瑩詩集時即點出此意：「浮屠師之善於
詩，自唐以來，其遺篇傳於世者班班可見。縛於其法，不能閎肆而演樣，故多
幽獨衰病枯槁之辭。」〔註61〕鄭氏可謂文瑩知己，對其矛盾之心情瞭若指掌，
又重顯不許其《祖英集》刊行〔註62〕。可見僧尼對綺語之戒條有相當的自覺，
然而情勢使然，不能不動搖筆墨時，則只能對所做內容或風格作一些修正，此
亦可視為僧尼創作心態之又一轉變也。

社，2015年，第29頁。）王灼以向上一路點出東坡之具極高明襟抱，以器
識胸襟為詞，故能開示此道解脫之途徑也。江順詒評其為參淨因之作，誠所
謂清磬出塵妙香遠聞也。蘇辛一派風格豪宕，固能脫綺語之譏訕，不虞有後
來之業債。而宗姜白石一派者，亦自有其解芬法，或以禪就詞、或以詞就禪。
以詞就禪者，即用詞之秀句為參禪之活法。參活句之說多見於公案，公案之
偈頌深蘊禪機，可生疑情啟人愚鈍，則用寫曲衷之秀句反不可耶？饒公宗頤
指出：「譚復堂於屬樊榭《齊天樂·秋聲館賦秋聲》，評曰：『詞禪。』此詞中
『獨自開門，滿庭都是月』，如《指月錄》中語，的是名句。海鹽董潮《東風
齊著力》詞，有句云：『石壇風靜，旛影晝沉。闌角嫣然一笑，凝眸處，黛淺
紅深。君知否，桃花燕子，都是禪心。』淒馨秀逸，論者謂為真詞禪也。此
亦參活句之佳例。俞樾《採桑子》有雋句云：『死是禪心，活是仙心。一樣工
夫兩樣心。』不死不能活，亦能道破妙處也。」（饒宗頤《詞與禪》，見《佛
教文學短論》，第169頁。）以禪就詞者，以公案之偈頌喻詞作之境界、風
格者，轟先於《清百名家詞序》云：「余不知詞而知禪，請以禪喻。五祖舉示
佛果云：『頻呼小玉元無事，只要檀郎認得聲。』果入室云：『少年一段風流
事，只許佳人獨自知。』此絕妙好詞也，近於麗縟。政黃牛云：『解空不解離
聲色，似聽孤猿月下啼。』此絕妙好詞也，近於清寒。端師子云：『我本瀟湘
一釣客，自東自西自南北。』此絕妙好詞也，近於豪宕。洪覺範云：『秋陰未
破雪滿山，笑指千峰欲歸去。』此絕妙好詞也，近於淡冶。《首楞嚴》曰：
『佛謂阿難，辟如琴瑟箜篌琵琶，雖有妙音，若非妙手，亦不能發。』今諸
公之詞，各以妙指而發為音。……欲使天下之人，有目共睹，有耳共聞。盡
使摸象之盲人，扣鐘之聾者，忽如天眼頓開，疾雷破柱，直得香象渡河，華
鯨夜吼，豈不快哉！」（饒宗頤《詞與禪》，見《佛教文學短論》，第169頁。）
此秀句之法亦可謂向上一路也。
〔註60〕《佛教口業觀念與中國古代文人的語言自懺》，載於《鄭州航空工業管理學院
　　　學報（社會科學版）》，第30卷第2期，2011年。
〔註61〕《全宋文》第67冊第111頁。
〔註62〕師自庚止翠峯雪竇，或先德言句淵密，師因而頌之；或感興懷別貽贈之作，固
　　　亦多矣。其有好道者，並錄而囊之。一日，總輯成二百二十首，乃寫呈師。師
　　　曰：「余偶興而作，寧存於本？」不許行焉。選自《宋僧著述考》，第191頁。

宋詞白石夢窗一派，以要眇宜修為風格，並佐以悲艷哀婉之情為骨架。蘇辛一派則慷慨激昂，開闢了一全新境界，可惜能克紹箕裘者尠矣，且卓犖不群非詞之常態。僧侶為詞既受宗教法則所左右，則不能完全取法於上二者，須有一創格之變化。此意為可旻《漁家傲》詞之小序所揭破：

> 我家漁父，不比泛常，一丈六之身材，三十二之相好。說聰明也，孔仲尼安可齊肩；論道德也，李伯陽故應縮首。絕偏武略，獨戰退八萬四千魔兵；蓋世良才，復論破九十六種外道。拱身誓水，坐斷愛河。披忍辱之蓑衣，遮無明之煙雨。慈悲帆掛，方便風吹，撐般若之扁舟，游死生之苦海。誓山月白，覺海風清。釣汩沒之眾生，歸涅槃之籃籠。如斯旨趣，即是平生，暫歇釣竿，乃留詩曰：家居常寂本優游，來執魚竿苦海頭。直待眾生都入手，此時方始不垂鈞！〔註63〕

一變漁父詞為佛教之唱導文學，對詞的表現手法有所革新。更重要的是在世俗藝術形式中注入了宗教情懷，從而「體現了佛教以善巧方便度化眾生的意旨——即所謂以筆硯作佛事也。」〔註64〕將綺語改造為至道載具的嘗試一直不斷湧現，大致來說可以分為兩種，一為化內典入於倚聲而能別出勝解者。這與前文述及山谷之嘗試有相若處，但其實不同。山谷脫卻閨閣之限，純以詞寫佛寫法寫僧，寫人生終極思考，全無花街柳巷繾綣動人情致，名之為詞其實乃詩之改作。而化內典入倚聲者，要仍不能失詞之本色，即不否定悲艷之情，且以之為詞骨。雖然，詞之情志，終以樂而不淫、哀而不傷、溫柔敦厚為貴，而佛門心要正可為其矩矱。二為雜糅綺語、佛法於一體者。僧璨《信心銘》曰：「欲趣一乘，勿惡六塵。六塵不惡，還同正覺。」〔註65〕於聲色中悟得一乘之法，引發上機，亦為正法眼藏之心要也。佛教本有迦陵頻迦，為妙音鳥，能出美妙音聲，餘鳥難及，其音聲可供養十方諸佛。可見以音聲為供養之說，佛教本自具足，不必另出機杼，也因此倚聲之伎，本自具無量功德，固能一變而為至道也。黎遂球、陳維崧各名其詞集曰《迦陵》，黎在其自序中云：「（迦陵）淨域之鳥，殼而能鳴，聊以懺悔云爾。」蔣景祁序《湖海樓詞》亦云：「夫迦陵者，西王母所使之鳥名也。其羽毛世不可得而見，其文彩世不可得而知。劃然嘯空，聲

〔註63〕張惠民《宋代詞學資料匯編》，汕頭：汕頭大學出版社，1993年，第362頁。
〔註64〕吳光正、高文強主編《中國宗教文學史編撰研討會論文集》，哈爾濱：北方文藝出版社，2015年，第17頁。
〔註65〕《大正藏》冊48頁376下欄。

若鸞鳳。神仙之與偕，而縹緲之與宅。」〔註66〕兩說雖有小異，而「聊以懺悔云爾」之命意則並無不同。這一傾向正是在即心即佛觸類是道的理論中衍生而出，就此推論之終極而言，綺語與禪機本為二而一一而二者，自然不用再妄生執著有分別之見了。可惜這兩種改造路徑對人稟賦的要求太高，因而能踐行這一創作理念的僧人雖有，但要麼創作水平不高，要麼純粹變成了宗派的說教。茲舉南宋晦庵之《滿江紅》為例：

> 得意濃時休進步，須知世事多翻覆。漫教人、白了少年頭，徒碌碌。誰不愛，黃金屋。誰不羨，千鍾祿。奈五行不是，這般題目。枉費心神空計較，兒孫自有兒孫福。〔註67〕

〔註66〕饒宗頤《詞與禪》，見《佛教文學短論》，第 165 頁。

〔註67〕周振甫主編《唐詩宋詞元曲全集·唐宋全詞第 7 冊》，合肥：黃山書社，1999 年，第 2625 頁。限於文化素質，僧尼之遷詞入禪的創作都不太成功，真正能發揚此道的是一些信佛的居士。黃山谷《訴衷情》：「在戎州，登臨勝景，未嘗不歌漁父家風，以謝江山。門生請問先生家風如何，為擬金華道人，作此章。一波才動萬波隨，蓑笠一鉤絲。金鱗政在深處，千尺也垂絲。吞又吐，信還疑，上鉤遲。水寒江靜，滿目青山，載明月歸。」（選自《黃庭堅、秦觀詞集》，上海：上海古籍出版社，2016 年，第 120 頁。）斯脫胎於船子和尚之法偈：「千尺絲綸直下垂，一波才動萬波隨。夜靜水寒魚不食，滿船空載月明歸。」又如《撥棹子》：「歸去來，歸去來，攜手舊山歸去來。有人共、對月尊，橫一琴、甚處逍遙不自在。閑世界，無利害，何必向、世間甘歡愛。與君釣、晚煙寒籟，蒸白魚稻飯，溪童供筍菜。」（《黃庭堅、秦觀詞集》，第 57 頁。）寫世間之空幻，以及個人任運隨緣的幻滅感，不着痕跡充滿禪機。黃中則《竹眠詞》中之《金縷曲》：「勞濂叔手書《大悲咒》以贈，云「頌此可卻一切魔障」，報之以此。落魄吾之分。嘆年來、病魔窮祟，公然作橫。君說驅除真易耳，此事吾能為政。論慧力、圖澄堪證。一捲貝多魑魅避，更波濤、可與蛟龍迸。還說與，堪續命。檀那衣鉢何曾吝？更兼他、雄詞辟瘴，光芒難盡。此去天南山鬼哭，脫卻女蘿逃盡。更鑿險、降魔杵奮。只恐夜深驚屈宋，月明中、難把騷魂認。一長笑，謝君贈。」（陳乃乾編《清名家詞》，上海：上海書店出版社，1982 年，第 19 頁。）以梵典入詞，而以悽婉嗟嘆出之，低徊悱惻，語語真摯。選堂謂其「視禪為安心立命之地，以理性情之正，尤近於儒」，可謂得矣。另如陳仁先《舊月簃詞》之《八聲甘州》：「甲子八月二十七日，雷峰塔記。據塔中所藏《陀羅尼篋印經》，造時為乙亥八月，正藝祖開寶八年，距今九百五十餘年矣。千載神歸，一條練去。末劫魔深，莫護金剛之杵，暫時眼對，如遊乾闥之城。半湖秋水，空遺蛻之龍身，無際斜陽，杳殘痕於鴉影。爰同悄仲，共賦此闋，聊寫愁哀。鎮殘山、風雨耐千年，何心倦津樑。早霸圖衰歇，龍沉鳳杳，如此錢塘。一爾大千震動，彈指失金裝。何限恆傻數，難抵悲涼。慰我湖居望眼，儘朝朝暮暮，咫尺神光。忍殘年心事，寂寞禮空王。漫等閒、擎天夢了，任長空鴉陣佔茫茫。從今後，憑誰管領，萬古斜陽。」雷峰塔之傾圮，悲涼激越，不涉理路，又「寂寞禮空王」句，寫盡老去無聊，難以排遣的抑鬱，傾圮與衰

這首詞藝術性較差，基本上可以視作偈頌的變體。伴隨着抒情和審美能力的消退，宗教性在這種俚俗直白的口吻中增長較多，這樣的詩作自然不虞有言語惑人的過失，或可為緩解矛盾心情一助益。晦庵之詞雖為這一形式較典型之代表，然而未能臻至上乘。這類作品中較優秀的，往往能跨越藝術與宗教的限閾，從而參透禪機關捩。既不為枯槁勸世說所繩，又不以戲論取勝，能做到這種層次的作者，其創作心態與技巧同臻極詣，即所謂能脫俗諦之桎梏了。項名達《香銷酒醒詞序》中言道：

> 辭藻，色也；宮調，聲也；選聲配色，而以我咏嘆其間者，情也情與聲色去道遠，而一變即可以至道，何則？小乘人仇視其情，惡色如革囊，畏聲如毒鼓。大雄氏訶之，謂其於菩提絕分。惟上根利器知遍法界，虛空大地，乃至一塵一毛，罔非性體本具。自利，利他於是乎在。設無聲色，何名性具？設無情，何由興慈而運悲？故聲色者，道之材，而情者，道之蒂也。余髫年即與梁君晉竹遊，晉竹工文章，喜為長短句。數為余道秋舲詞，因得交秋舲。迨長，為名網牽不獲時晤。癸辛，與管竹聚首都門凡一載，互商學術，謂雕績非究竟事，將致力於竺墳。辛卯，余旋杭，秋舲亦假居里門。嘗語余曰：「詞學宜少不宜老，以時變者也。即變而入不變，舍楞嚴，其誰與歸？」惜管竹早亡，秋舲復示疾頻年，未卒業而逝。每念及，竟日愴然，以為詞壇墟，義城亦墟矣。此《香消酒醒詞》為秋舲少時作，其一往情深，諧姜、張之聲，縮吳、蔣之色，深入南宋諸名家三昧，所不待言。顧具是美才，而中年來拳拳白業，與晉竹若一轍。豈香果消，酒果醒哉？香與酒，猶之聲色。苟融情於香酒，自有不待消而消，不待醒而醒者。固知聲即無聲，得微妙聲；色即無色，得善常色；情即無情，得普遍情。雖同生未能即證，而食少金剛歷劫不化，大光明藏中，且偕管竹由文字入總持門出生，功德無量。則是詞也，小乘戒之曰綺語，大乘寶之則曰道種也。〔註68〕

克文亦曾言：「佛法有縱有奪。縱也，四五百條花柳巷，二三千所管弦樓。奪也，天上天下唯我獨尊。」〔註69〕項說與克文的觀點互為表裏。綺語戒匡正僧

老互相映襯，相得益彰，情感真摯動人心魄。
〔註68〕馮乾編校《清詞序跋彙編第3冊》，南京：鳳凰出版社，2013年，第1133頁。
〔註69〕《新纂卍續藏》，第68冊第393頁下欄。

尼與佞佛者的行為，使其人不能搖筆於聲色小詞。這種境況下，他們以掙扎矛盾的心情竟能開闢一獨創路徑，於聲色場中悟得菩提，引發上機，亦不失為禪法之一大表現也。雖然這種辯駁已脫離理性討論的範疇，有不經之處，然他們的說法愈離奇，愈可見創作中內心掙扎的劇烈。可惜從宗教的立場來看，這種解紛的方法於心理安慰之助或許有之，卻絕不能取消口業所帶來的果報。僧尼或文士受佛教影響較大者，往往對於果報、感影、靈異等論調卻分外措意，故很難從這種糾結的心態中脫離出來。到了元代這種情況略有好轉，彼時作者似已不再措意於綺語的果報了，劉玉葉在其《佛教口業觀念與中國古代文人的語言自懺》中指出：「元代以後，文人對於語言的懺悔有時已經變為一種玩笑的自嘲，但是豔科綺語因為這種觀念，一直徘徊在主流文壇之外，文人在懺悔中表現出的是一種夾雜愧疚自責和無奈自嘲的複雜情緒，雖然敬憚因果報應，但仍放不下對於遊戲筆墨的愛好，只能用一邊寫作一邊以自懺的方式寓以心靈的解脫。」〔註70〕

　　詞與綺語的糾葛煎熬僧侶以及佞佛的士大夫，對他們的創作心態有較大影響。謝廷章於《賭棋山莊詞話》中言道：「純寫閨襜，不獨詞格之卑，抑亦靡薄無味，可厭之甚也。然其中有毫釐之辨。作情語勿作綺語，綺語設為淫思，壞人心術。情語則熱血所衷，纏綿惻悱，而即近知遠，即微知著，其人一生大節，可於此得其端倪。『笑問雙鴛鴦字，怎生書』，出自歐陽文忠。『殘燈明滅枕頭敧，諳盡孤眠滋味』，出自范文正。是皆一代名德，慎勿謂曲子相公，皆輕薄者。……徐仲山《青玉案》曰：『少年不幸稱才子。徒多作，淫詞耳。』綺語淫，情語不淫也。況詞本於《房中樂》，所為燕樂者。《子夜》、《讀曲》等體，固與高文典冊有間矣。近者或矯枉過正，稍涉香奩，一改芟薙，號於眾曰：『吾詞極純雅。』及受讀之，則投贈膚詞，詠物浮豔，膠葛滿紙，何取乎爾？反不如靡靡者尚有意緒可尋也。香草美人，離騷半多寄託；朝雲暮雨，宋玉最善微言。識曲得真，是在逆志；因噎廢食，寧復知音？故昔人謂『天之風月，地之花柳，與人之歌舞，無此不成三才。』楊用修以為雖戲語，有至理也。」〔註71〕言語戒通過左右文辭達意的構思環節，來匡正作者，使其思考處於收斂和節省的狀態，從而限制乃至取消了對修辭技巧的運用，故而再好的意象也難

〔註70〕《佛教口業觀念與中國古代文人的語言自懺》，載於《鄭州航空工業管理學院學報（社會科學版）》第 30 卷第 2 期，2011 年。
〔註71〕謝廷章註、劉榮平編《賭棋山莊詞話校注》，廈門：廈門大學出版社，2013 年，第 80 頁。

以表達。或者顯出的一鱗半爪，也往往夾雜宗教的元素。綺語戒條雖為佛教所有宗派共享，但很少有將其拈出作為理論研究的，主要是它發揮作用的渠道比較隱祕。到了宋代，其影響力顯得更加隱祕，因為無相戒觀念的出現，使佛教律學一直處於低迷的狀態，導致一些戒條實質上流於形式化。雖然有這種新的變化，但僧侶對自我身份的認知能力並不會消失，因此其創作實踐，偶爾會表現出喪失宗教典型性的特徵，然而更多情況下宗教文學作品還是有很高的辨識度。這一時期宗教身份的自覺僅作為前置的一個動力，會在構思之中起到一些匡正的作用，而真正左右創作風格的主要力量是禪宗提供的自然審美範型。

三、禪宗的審美範型及創作實踐

綺語障使僧侶的作品趨向於枯淡辛硬的風格，這是來自於質實的要求，而禪宗的審美形式帶來的改變正好與此相反。禪宗文化崇尚並力圖塑造一種空靈的境界，這一創作目標使「中國文學藝術超越了世俗的死板寫實、儒家的陽剛健拔、道家的自然虛無」〔註72〕，成為一獨立的且具有充分啟發性的藝術境界。此境界雖然也能在本土的詩歌文化中找到苗頭，但是其發揚光大卻有待於參禪的實踐作為助力。深度的禪定中所現前的光明乃是由對寄託物的觀想得到，這種廣大境界不依靠任何有形物質的支撐，而僅僅來源於自我心靈對天地萬物的感知。這種感知往往產生於一種靜謐的狀態，也就是當一個人摒棄萬緣投身於自然懷抱時所攝取的景象，會在禪定中被展現出來。對這一現前景象的完整再現是禪宗僧侶一直追求的目標，通過文學作品來進行象喻式的表現，需要滿足的素質比如沉穩、內斂，最關鍵的是要具有空靈和啟發性。禪僧確實察覺到了這一點，他們將這種藝術效果描述為：「羚羊掛角，無跡可求，故其妙處透徹玲瓏，不可湊泊，如空中之音，相中之色，水中之月，鏡中之象，言有盡而意無窮。」〔註73〕要完成這種再現的目標可能有許多方法，這裏僅討論兩種常見的，其一通過深度的體察物情來揭露神韻，這個方法達到極致，即是滄浪所謂「詩之極致有一，曰入神。詩而入神，至矣、盡矣、蔑以加矣！」〔註74〕然而禪宗所謂的體察物情和解構卻不同，它更像完形心理中的直覺感知

〔註72〕陳兵著《佛教心理學》，西安：陝西師範大學出版社，2018年，第1076頁。

〔註73〕（宋）嚴羽著，郭紹虞校釋《滄浪詩話校釋》，北京：人民文學出版社，1983年，第26頁。

〔註74〕（宋）嚴羽著，郭紹虞校釋《滄浪詩話校釋》，第8頁。

法，這種方法要求很多，既要祛除理性要素，即不能有機械的分析，分析是本民族古典文化中的忌諱，它經常給人以機械呆板的感覺。而同時又要求具備極高的洞察力，這種洞察力並不應用在對事物本身的描述中，禪宗的反映方法似乎更加注重物之間的聯繫，即通過聯繫來定義物，並於最儉省的語言中表達最豐富的信息。如《談藝錄》所言：「物之神必以我之神接之，未克如元僧覺隱妙語所云：『我以喜氣寫蘭，怒氣寫竹。』」〔註75〕又王士禎於《香祖筆記》中評論這一方法「往往入禪，有得意忘言之妙。與淨明默然、達摩得髓，同一關捩。」〔註76〕這裏着眼點在客體之狀態，然而宗教實質上並不關係物體本身，所謂要求體物得神從而將飄渺模糊難以形狀者，摹寫成為可感可知物，在實際的操作中還是通過本質的聯繫來反映的。從而使一些未必具有特定形象的物體，也能夠讓人有「擬於心」的感覺。錢鍾書曾舉《洞簫賦》為例來說明此道：「優柔溫潤，如慈父之畜子也。」〔註77〕比喻就是建立聯繫的好方法，用慈父的愛心比喻簫聲，以聲比心使抽象化為形象，從而可感可知。

以上只能算作實現空靈的第一步，若只停留在此，反而會使作品澀滑而拙重。要具備禪宗化的美學形態尚有待於第二步，即用晦曰隱秀手法的使用，可比況為繪畫中留白的策略。所以如此故，還是在於語言的有限性，而語言有限性的本質在於人自身的有限性，我們的指涉能力並不足以匹配整個世界。因此中國古人發現了留白的技巧，這是巧妙的避開語言加在每個人身上的限制，而天才式的發揮了想像的長處。語言的有限性定所帶來的限制，但被想像力的無限性所解放。錢鍾書指：「此意在吾國首發於《文心雕龍·隱秀》篇，所謂：『情在詞外曰隱，狀溢目前曰秀。』又謂：『餘味曲包。』少陵《寄高適岑參三十韻》有云：『意愜關飛動，篇終接混茫。』『終』而曰『接』，即《八哀詩·張九齡》之『詩罷地有餘』，正滄浪謂『有盡無窮』之旨。」〔註78〕有人認為《隱修》乃偽作，偽作與否暫且不論，其中的道理卻可以相從。錢又引劉知幾《史通》：「晦也者，省字約文，事溢於句外。……雖發語已殫，而含意未盡，使夫讀者望表而知裡，捫毛而辨骨，睹一事於句中，反三隅於字外，晦之時義

〔註75〕　《談藝錄》，第 141～142 頁。

〔註76〕　（清）王士禎著，惠棟、金榮註，宮曉衛、孫言成等整理《漁洋精華錄集註》，濟南：齊魯書社，2009 年，第 93 頁。

〔註77〕　錢鍾書著《管錐編》，北京：中華書局，1979 年，第 1342 頁。

〔註78〕　《談藝錄》，第 199 頁。

大矣哉！」〔註79〕若僅僅依靠耳目等有限器官，來傳遞妙造的境界，則無異於癡人說夢。僅有形色、聲音的作品會顯得呆板而無生氣，這與禪宗所欲表現的七寶樓臺的境界不啻馬牛風。因而，又回到了初始的判斷，視覺聽覺之外，最重要的還是需要調動想像，僅僅是作者的想像並不夠，讀者纔是整個活動的主角。虛實相生乃作品想像場域生成的一種方法，其更具體的方法是隱秀或用晦。這一方法的最終生成與禪宗文字觀念的幾次變化有關，默照禪帶來的影響可能最大。任何有形或者無形物的表達都應當藉助文字，口傳具有很強的偶然性，而印心則非常人能踐行的手段。然而當時興起的默照禪法又推崇沉默的最高價值，從許多層面看這是禪宗的歧路，沉默和傳承的折中方案就是儘量採用少量文字，將物的線索表現出來，剩餘的內容則必須靠讀者的想像。必須說明的是隱秀不代表說話不盡言語道斷的狀態，而是在一完整文本意境中將可申之義未申以留白於讀者，則未申之義亦可藉已申者而得以表達，此全體與部分、隱與秀相得而成。故而以隱秀入禪詩乃文字禪對默照禪之反溯，沉默的要求在禪宗始終未曾消失，因而也就有強力的向着更儉省表達的方向進展的趨勢。一首成功的詩能言盡而蘊無窮之妙，正堪比類於禪理之超絕語言文字可以進於道的狀態。郭麟《詞品》對此有一形象比喻：「芙蓉初花，秋水一半，欲往從之，細石凌亂。美人有言，玉齒將粲。徐拂寶瑟，一唱三嘆。非無寸心，繾綣自獻；若往若還，豈曰能見。」又曰：「美人滿堂，金石絲簧。忽擊玉磬，遠聞清揚。韻不在短，亦不在長。哀家一梨，口為芳香。芭蕉灑雨，芙蓉拒霜。

〔註79〕《管錐編》，第 164 頁。錢先生對此有專門之論述：夫言情寫景，貴有餘不盡。然所謂有餘不盡，如萬綠叢中之著點紅，作者舉一隅而讀以三隅反，見點紅而知嫣紅姹紫正無限在。其所言者情也，所寫者景也，所言之不足，寫之不盡，而餘味深蘊者，亦情也、景也。試以《三百篇》例之。《車攻》之「蕭蕭馬鳴，悠悠旆旌」，寫二小事，而軍容之整肅可見；《柏舟》之「心之憂矣，如匪澣衣」，舉一家常瑣屑，而詩人之身分、性格、境遇，均耐想像；《采薇》之「昔我往矣，楊柳依依。今我來思，雨雪霏霏」，寫景而情與之俱，征役之況、歲月之感，胥在言外。蓋任何景物，橫側看皆五光十色；任何情懷，反復說皆千頭萬緒；非筆墨所易詳盡。倘鋪張描畫，徒為元遺山所譏杜陵之「玞珷」而已。掛一漏萬，何如舉一反三。道理則不然。散為萬殊，聚則一貫；執簡以御繁，觀博以取約，故妙道可以要言，著語不多，而至理全賅。顧人心道心之危微，天一地一之清寧，雖是名言，無當詩妙，以其為直說之理，無烘襯而洋溢以出之趣也。理趣作用，亦不出舉一反三。然所舉者事物，所反者道理，寓意視言情寫景不同。言情寫景，欲說不盡者，如可言外隱涵；理趣則說易盡者，不使篇中顯見。（見《談藝錄》第 227～228 頁）又以隱秀入禪詩，乃文字禪對默照禪之反溯，其有意無意的用晦、沉默，正存心於對默照禪的取法。

如氣之秋，如冰之光。」〔註80〕此喻隱秀之兩端可謂得矣。

　　感物擬心與隱秀用晦對空靈境界的塑造至關重要，掌握了這兩種方法，則可討論佛教貫徹此途徑之創作實踐。佛教對這中創作方法的關注有長久的歷史，而運用到達極致則從文字禪始。將禪機貫注到文字之中的動向，其所主宰的創作實踐成為佛教文學的典型，是從唐代開始而在宋代成熟的。主要的作品類型以禪宗之頌古、拈古、偈頌等詩化文體為主，禪詩更為其中之典型。詩最能因應上揭二論之需求，一則已有唐賢之創作經驗可以效法，再則隱秀用晦所開闢之無限空間，多能給人以義理或曰形上之啟發，恰恰迎合了宋代新出現的禪與天臺法合流的趨勢。一個有心得和追求的僧侶，他的創作大都是以本人既往的感悟作為根基的，同時他只將文字看作一個權宜的計策，他真正想要表達的是自我解脫的理想。文本既然僅僅為載道之器，按照詩言志的要求，詩這種文體正堪作為此理想的最佳類型。岑嘉州有一聯正堪為此比倫：「窗影搖群木，牆陰載一峯」。〔註81〕這一聯可視為佛教僧侶創作心態之總綱，要貫徹這種綱領，即具體實現之路徑則又有其說。言語和意象都要進行些特殊化的加工，這是最重要的要求。「在僧詩裏出現最高的意象是明月和白雲」〔註82〕，明月因其有朔望圓缺的變化，可以用來喻示死亡與重生兩大哲學主題，這兩個主題與宗教都有着直接的關係。佛教的經論中又為其添加了智慧、般若、至道的意義，如《華嚴經・兜率宮中偈贊品》：「譬如淨滿月，普現一切水。影像雖無量，本月未曾二」〔註83〕。白雲的代表性則更加顯豁，其無根且任運自然的特性，恰好表現了眾生於生死海中的輪轉飄零狀態，此為佛教悲觀哲學之根本。舍此兩端外仍有數種意象為僧伽所偏嗜，共同構成了一種幽深清遠的林下風流。《六一詩話》：

> 　　國朝浮圖以詩名於世者九人，故時有集號《九僧詩》。今不復傳矣。余少時，聞人多稱之。其一曰惠崇，餘八人者，忘其名字也。余亦略記其詩有云：「馬放降來地，雕盤戰後云」，又云：「春生桂嶺外，人在海門西」。其佳句多類此。其集已亡，今人多不知有所謂九僧者矣。是可嘆也！當時，有進士許洞者，善為詞章，俊逸之士也。

〔註80〕轉引自傅庚生著《中國文學欣賞舉隅》，北京：三聯書店，2018年，第96頁。
〔註81〕（清）沈德潛選編，劉福元等點校《唐詩別裁集》，石家莊：河北人民出版社，1997年，第149～150頁。
〔註82〕周裕鍇著《中國禪宗與詩歌》，上海：復旦大學出版社，2017年，第43頁。
〔註83〕《大正藏》，第9冊第486頁下欄。

因會諸詩僧分題，出一紙曰：不得犯此一字。其字乃山、水、風、
雲、竹、石、花、草、雪、霜、星、月、禽、鳥之類，於是諸僧皆閣
筆。〔註84〕

這種偏嗜個別特殊意象的創作風氣被貶稱為「蔬筍氣」，雖然白雲明月等都具
有無窮的表現力，然而大量重複的使用會使得詩歌油滑，總的來看，蔬筍氣對
表現力有較大的傷害。這種現象的造成固然與僧伽之身份認知有關，也與他們
所採用的創作趨向——即欲憑藉物象塑造意義的好尚有關，他們的目的是襯
托出一種「閒適自在的禪悟心境……表達一種理趣的境界」〔註85〕，即上文提
到的提載道之用。佛教戒事理二障，這屬於事的障礙。因此，按照這一創作要
求來挖掘常見物品及其延伸的意義，而非限制在特定意象之中，才能突破自我
的限制，即弘一所謂：「一言一字，莫非實相，周遍法界，光明無量。似鏡現
象，若風畫空。如斯妙喻，乃契詩宗。」〔註86〕理想的狀態是清新和諧的語言
以及由此產生的含蓄沖淡意境，這種成功的創作實踐迎合了空靈的審美要求，
甚至優秀作品或者就能達到「或則喻空求木，或則觀化決疑，雖涉句文，了無
藻韻」的狀態。〔註87〕

應該認識到推崇空靈乃禪詩的普遍傾向，但並非每個僧人都會貫徹這種
原則，他們中也不乏有能做氣韻沉雄詩句者。如仲殊的《潤州北固樓詩》：「北
固樓前一笛風，斷雲飛出建昌宮。江南二月多芳草，春在濛濛細雨中。」〔註
88〕亦有能為溫婉細膩者，如惠洪之《上元宿百丈》：「上元獨宿寒岩寺，臥看
青燈映薄紗。夜久雪猿啼嶽頂，夢回清月上梅花。十分春瘦緣何事，一掬歸心
未到家。卻憶少年行樂處，軟紅香霧噴東華。」〔註89〕風格的變化多與作者個
人的好尚有關，他們能夠衝破自己內心枷鎖，不為宗教身份及知識所束縛，正
如錢鍾書所言「貌為緇流，實非禪子，使蓄髮加巾，則與返初服之無本賈島、
清塞周朴、惠銛葛天民輩無異」〔註90〕。他們的審美以及觀念能夠不縛於物，
戒律的條款有時候也會被突破，因而佛教的經論也就不能移易其宿習了。單就

〔註84〕 （宋）歐陽修著《六一詩話》，見《歐陽修全集》，北京：中華書局，2001年，
    第1951～1052頁。
〔註85〕 《佛教心理學》，第1077頁。
〔註86〕 李叔同著《李叔同集》，北京：東方出版社，2008年，第238頁。
〔註87〕 《談藝錄》，第225頁。
〔註88〕 陳耳東編著《歷代高僧詩選》，天津：天津人民出版社，1996年，第257頁。
〔註89〕 《石門文字禪校注》，第1701頁。
〔註90〕 《談藝錄》，第226頁。

詩歌而言這類人的創格雖有失宗教徒的本色，但往往多有優秀的作品。既有能不被外物束縛的成功創作實踐，則同時也有循規蹈矩亦步亦趨者，如「聞道安禪處，深蘿任隔溪。清猿定中發，幽鳥座邊棲。雲影朝晡別，山峰遠近齊。不知誰問法，雪夜立江西」〔註91〕。這些詩前定了他佛教徒的身份狀態，因而要表現的內容也大都取義相似，用語也常常涉於脣吻之俗套，即成了他們所謂的文字葛藤。功利的以語載道觀許多時候並不能湊效，刻意追求的結果經常適得其反，頓悟的狀態並不能被機械的捕捉，因而表垷力不佳的禪詩反不如公案偈語能句不停意用不停機。總之，空靈風格的建構和有限的意象取裁之間有一定的矛盾，故出現作品千篇一律的現象也是可以想見的。

前面談到特殊語彙及意象部分的使用，這其中仍有一些觀念未及說明，此處略作補論。實質上對一些典型辭藻的青睞亦可視為僧侶創作心態之一隅，以明月論，印度吠陀中有 Soma 神，為華言之月神，能賜瓊漿，服之可得長生〔註92〕，即梵典之明月本表不死之義。月雖有圓缺的變化，但始終不離天幕，這是恆常的一面。此情形易引發關於重生的設想，這種觀念可能濡染於吠陀，其中詳情遽難定讞。古人觀測月外形的變化，而不了解原理，知其能自彰自晦透漏出神祕難測的一面，故常有以其比喻智慧、真如者。按此喻貼而不黏，為錢鍾書「兩柄多邊說」點破。〔註93〕也有因其普照義而喻華嚴之法界者，所謂「異口同心，千山一月」即作此解。〔註94〕釋家最慣用的

〔註91〕馬大品編《中國佛道詩歌總彙》，北京：中國書店，1993 年，第 341～342 頁。

〔註92〕此論由選堂《不死觀念與齊學》中揭示，其言及在婆羅門經典中 soma is identified with the moon god，亦有被稱作 somaka 者，此音與華言之宋無忌略同，當非巧合云云。見饒宗頤《澄心論萃》，上海：上海文藝出版社，1996 年，第 248 頁。

〔註93〕錢先生謂：「比喻有兩柄而復具多邊。蓋事物一而已，然非止一性一能，遂不限於一功一效。取譬者用心或別，着眼因殊，指（denotatum）同而旨（significatum）則異；故一事物之象可以孑立應多，守常處變。譬夫月，形圓而體明，圓若明之在月，猶《墨經》言堅若白之在石，『不相外』而『相盈』，或猶《楞嚴經》言空與土之在『法界』，『二性周徧』而『不相陵滅』者也。鏡喻於月，如庾信《詠鏡》：『月生無有桂』，取明之相似，而亦可兼取圓之相似。茶團、香餅喻於月，如王禹偁《龍鳳茶》：『圓似三秋皓月輪』，或蘇軾《惠山謁錢道人烹小龍團》：『獨携天上小團月，來試人間第二泉』；王沂孫《天香·龍涎香》：『孤嶠蟠烟，層濤蛻月』，或周密《天香·龍涎香》：『驪宮玉唾誰擣，麝月雙心』；僅取圓之相似，不及於明。」見《管錐編》第 67 頁。

〔註94〕《維摩詰所說經·佛國品》：「各見世尊在其前，斯則神力不共法」；肇註：「法身圓應，猶一月升天影現百水也。」唐譯《華嚴經·兜率宮中偈贊品》：「譬如

月意象卻並非以上諸種，而是水月的虛幻義，《大智度論》：「解了諸法如幻、如焰、如水中月、如虛空、如響、如犍闥婆城、如夢、如影、如鏡中像、如化。」〔註95〕此喻示其不可捉搦，揚之抑之皆可成說。「喻至道於水月，乃歎其玄妙，喻浮世於水月，則斥其虛妄，譽與毀區以別焉」〔註96〕。鏡花與水月相讎，為釋子所習用。又以蓮花論，《史記·屈原賈生列傳》：「皭然，涅而不緇」，〔註97〕此比君子雖在濁亂而不能污，故以蓮喻人而揣稱高潔為我先民所首發，後為釋氏常談。《四十二章經》即云：「吾為沙門，處於濁世，當如蓮花，不為泥所污。」〔註98〕所謂「花與泥離」，此之謂也。《維摩詰經》：「高原陸地，不生蓮花，卑濕淤泥，乃生此花。」〔註99〕斯又機杼別出，用意全在泥中，謂之「花與泥即」可也。這類意象各有所當，即同喻而異邊的表現。再以文字論，禪宗對文字言語不甚措意時，有喻其為「蟲蝕木」者，這一比喻本自《大智度論·如是我聞總釋論第三》：「諸外道中，設有好語，如蟲食木，偶得成字。」〔註100〕山谷嘗反其義而用之，《豫章黃先生文集》卷十六《福州西禪暹老語錄序》云：「蓋亦如蟲蝕木，賓主相當，偶成文爾。」〔註101〕褒讚其為文之率性。又喻其為障為葛藤者，固老生常談，《後村大全集》卷八《題何秀才詩禪方丈》：「能將鉛槧事，止作葛藤看」〔註102〕，諷文字與佛法之扞格。禪與文字語言本無執着牽絆，只為接引後來者所設立之方便，當機煞活時理應離棄。然亦有名僧宿習不除為此道所羈絆者，若輩常為禪僧所摒，勢如冰炭。「求既標文苑嘉名，復居法席上首，欲熊而勿捨魚，得

淨滿月，普現一切水。影像雖無量，本月未曾二。」元覺《永嘉證道歌》：「一月普現一切水，一切水月一月攝。」

〔註95〕《大正新修大藏經》，第 25 冊第 1509 經第 101 下欄。

〔註96〕《管錐編》，第 65 頁。「不勞廣徵，即取晉釋慧遠《鳩摩羅什法師大乘大義》卷上為例。其稱「法身同化」，無四大五根，「如鏡中像、水中月，見如有色，而無觸等，則非色也」，水月之喻，蓋以揚之；其言「幻化夢響」，如「鏡像、水月，但誑心眼」，水月之喻，又以抑之。」（見同書同頁）。

〔註97〕（漢）司馬遷傳，（宋）裴駰集解，（唐）司馬貞索隱，（唐）張守節正義《史記》，北京：中華書局，2014 年，第 3010 頁。

〔註98〕《大正藏》，第 17 冊第 723 頁中欄。

〔註99〕《大正藏》，第 85 冊第 482 頁中欄。

〔註100〕《大正藏》，第 25 冊第 66 頁中欄。

〔註101〕轉引自《談藝錄》，第 582 頁。

〔註102〕（宋）劉克莊《後村先生大全集》，成都：四川大學出版社，2008 年，第 1477 頁。

隴而仍望蜀，巧詞飾說，則不外兩途。或曰：權借翰藻，弘宣般若，為佛事方便；或曰：言而無言，非文之文，是諸法解脫。」〔註103〕所謂於文字海浮而不還者，即指釋慶老、洪覺范這些人。

　　僧尼對特殊語彙的使用是其宗教身份自覺的一種表現。古典物象新詮釋的發出現，是禪宗審美品味和靜慮實踐雙重推進的結果。同時也與這一宗派的創格特色有關，直覺及非理性的宗風使得僧尼創作能暫免於思惟所累，因而有時候會出現化腐朽為神奇的效果。佛教本有的譬喻文學也可以視為其繁榮的遠端因素，以事或以物喻理乃比量說法的一種表現。如《百喻經》《本生經》《弊宿經》中之故事，基本上已經脫離了原有文本框架，而成為一種意義的符號。事喻且不必多言，鏡、花、水、月所代表的物喻系統，也各自具有固定的意義，喻體經過長時間的文化醞釀，本身就是蘊含有一超脫文字限域的意象群。這其實已經不純粹是比喻的限量，而有了興的意味。故後來禪宗對事喻的翻案新造，就成了一種對圖式化象體以及再現客體的創作，如明月到水月的變化，其指涉意義既有區分又有重合，兩者之間共同構成了月這一意象的複雜結構。這種再創作蘊含了形而上的意味，也包含有濡染於宗教的神聖化因素，其最終的結果是在原有的形象及表意系統上，增加了更豐富的層次，從而提供了一種可供回品的意味感。物象系統一部分生成於譬喻文學，但更多的指示性的具體實現還是資於禪宗的公案文學，如「千尺絲綸直下垂，一波才動萬波隨。夜靜水寒魚不食，滿船空載月明歸。」〔註104〕又如「上堂：瘦竹長松滴翠香，流風疏月度炎涼。不知誰住塬西寺，每日鐘聲送夕陽。上堂：聲色頭上睡眠，虎狼群里安禪。荊棘林里翻身，雪刃叢中游戲。竹影掃階塵不動，月穿潭底水無痕。」〔註105〕這是禪宗文學的大端，需闢專章以作交待。

第三節　宋代禪宗文學中「興」意鉤沉

　　開篇已交代宋僧創作的概況，並將其分為五類，此處擬作進一步說明。宋僧之第一類作品，即抒發心志的詩古文詞，大約有九十五種，其佚亡不存者超過六成，散佚率居這五種之冠。造成這種現象的原因是多方面的，既有僧侶本

〔註103〕《談藝錄》，第 581 頁。
〔註104〕《大正藏》，第 47 冊第 755 頁中欄。
〔註105〕《大正藏》，第 51 冊第 592 頁下欄。

身創作風格的問題，也有社會力量排擠造成的障礙。要想對這一異常現象有較全面的認識，須先明了當時僧侶文學的發展梗概，〔註106〕以及僧侶身份對創作者的影響問題。發展概況前賢已多有論述，如龍晦《靈塵化境──佛教文學》之兩宋編，〔註107〕馬焯榮《中國宗教文學史》之宋代篇，〔註108〕王水照編《宋代文學通論》之僧侶篇等，〔註109〕這一領域近年來實呈現出大作紛紜不勝枚舉的態勢。僅就這三種而言，龍晦的著作有篳路藍縷的創業之功，其訂立的去取標準以及研究方法，可資參考之處較多。馬氏的著作材料豐富，且能從不同宗教的比較中彰顯各自的特點，亦多有創穫。《宋代文學通論》文學探討為主，作者以治集部的方法來審視宗教，故能詳人之所略而言人之所未言。這些著作均饒勝義，自當歡忻相從。為免蹈襲前賢高論之嫌，茲就創作身份及作品風格略作論述。

僧尼之文學往往與一種極端的集體主義掛鈎，即他們的創作會被視作宗教身份的一種表徵，將這一論點放回到中國文學傳統的語境，更需要理解：宗教這一語義來源既廣，且與本土文化的關係相衍相生，因此也就成全了他們身份的多重面貌。僧尼身份主體的生成來自於釋教之經典，直到本土化的禪宗出現之後，開始出現了對僧侶個人性的持續思考，這一主體後來呈現了三項特色：教徒有掙脫臉譜化從而建立一深度自我的傾向；日常生活具有了更豐富的意義；自然體現出了一種形而上的哲學資源。這三項特點都與禪宗的革新性有關，是禪宗賦予了僧侶以個性表達的能量。憑藉這種能量，僧尼才得以在宗教生活之外建立一個倫理身份，並且進一步在涅槃理想下形成了一個鮮活的自我，從而深入到教義的精髓。這種表現力的根源來自於禪宗的進步性，在這一潮流的推動下，他們採取了多樣的方法來表現自我，其中最關鍵的一種卻不是純粹宗教性的，而是文學中的「興」的手法。

作為一種特殊的修辭手法，「興」在其隱喻性的原初含義之外，尚有盤旋上舉、取譬連類的功能存在。這些特徵決定了它不僅能作為文學的創作手法，同時也能夠成為一種認識世界的手段。這兩種用途在禪宗的思想建設和文學

〔註106〕對「佛教文學」的定義，學界向來聚訟紛紜，莫衷一是。為統一起見，此處將佛教文學狹義的認定為僧侶所創造的文學，不再將文人創作而具有宗教色彩的作品包括在內，即佛教文學此處特指僧侶文學。

〔註107〕龍晦著《靈塵化境──佛教文學》，成都：四川人民出版社，1995年。

〔註108〕馬焯榮著《中國宗教文學史》，北京：中國社會科學出版社，2014年。

〔註109〕王水照主編《宋代文學通論》，開封：河南大學出版社，1997年。

實踐中都有所反映，並最終以一種特殊的詩性智慧的狀態呈現了出來。禪宗興盛之後，僧尼崇尚一種任運自然的審美品味，即他們以不事雕琢的狀態為尚。這種風氣不僅改變了這一群體的生活方式，也影響到了他們的藝術創作實踐，他們更偏愛文學性強的作品。這些作品充滿了詩質和韻味，但同時其又有一些程式化的特徵。在諸多因素的作用下，僧侶的創作實踐表現出極強的身份相關性，即他們的寫作是自身宗教身份的延續。僧侶在創作實踐中採用了新的語彙和技巧作為輔翼。新語彙的引進使得表現方式多樣化，同時他們也面臨着蔬筍氣的批評。技巧上他們發揮了興上舉的能力，上舉產生於原始儺舞和詛祝的通神體驗之中，氣效用的發生有待於詩性智慧的開掘。禪僧作品常常包含有閃爍和隱晦的特徵，這正符合興對普遍聯繫性的借用。

一、「興」上舉義的提出：溝通神聖與世俗的橋樑

　　禪宗對門徒有一種解放的力量，使其有足夠的能力掙脫深文廣句的束縛，並表現出直覺化、非理性的特徵。這對僧尼來說是一種倒退，主體失去了哲學宗教的理性能力。然而對教團來說卻是一種進步，佛教從一種思想範式漸而進入到了意識形態。思想範式僅能代表特定歷史條件下的風潮，而意識形態卻左右了公私生活的律動，從而對現實賦予意義，並最終將此意義體現於官能的使用之中。這一過程從唐代起始，真正實現卻是在宋代。因禪宗不僅標示一種政教風格的改變，更指向了文類風格、知識方法、生存環境的形式的變化，這一調整需要相當的時間。這其中教派趨向和個人的好尚都匆匆變成了陳跡，惟有作為創作主體所留下的文學和藝術的形式，吉光片羽熠熠生輝。古典中有兩種力量推動主體的創作，事功的和抒情的，僧侶與事功一條天然的絕緣，可供選擇的只有抒情。這裏的抒情並非狹義的感情，而是作者個人全部心緒和思維的表達，是以「自我現時的經驗為作品的本體或內容的」〔註110〕。這是一種剎那的生命體驗，或者根本就是他們所說的開悟狀態的再現。同時它是不可思惟的，過度的理性會妨害靈感的生發，因而公案文學一直強調剔除理性的要素，追求一種圓融不可思議的高妙手腕，並將其描述為「羚羊掛角」「天機自現」。道膺以羚羊掛角喻心之不涉有而合於真如的狀態：

　　　　上堂：「如人將三貫錢買個獵狗，只解尋得有蹤跡底，忽遇羚羊

〔註110〕高友工《中國文化史中的抒情傳統》，臺北：臺灣大學出版社，2004 年，第107 頁。

掛角，莫道蹤跡，氣息也無。」僧問：「羚羊掛角時如何？」師曰：
「六六三十六。」曰：「掛角後如何？」師曰：「六六三十六。」僧禮
拜。師曰：「會麼？」曰：「不會。」師曰：「不見道無蹤跡。」其僧
舉似趙州，州曰：「云居師兄猶在。」僧便問：「羚羊掛角時如何？」
州曰：「九九八十一。」曰：「掛角後如何？」州曰：「九九八十一。」
曰：「得恁麼難會？」州曰：「有甚麼難會？」曰：「請和尚指示。」
州曰：「新羅！新羅！」又問長慶：「羚羊掛角時如何？」慶曰：「草
里漢。」曰：「掛後如何？」慶曰：「亂叫喚。」曰：「畢竟如何？」
慶曰：「驢事未去，馬事到來。」〔註111〕

將僧侶有關文學的創作看成一種別樣的「抒情」才有其合理性。只有作為人的
不可抑制流露的感情是真實的，才讓他們冒着犯戒的風險創作，這又呼應了上
文對心態的擷拾。此一矛盾決定了整個創作風格的方向，東坡《送參寥》有云：
「頗怪浮屠人，誰與發豪猛。細思乃不然，真巧非幻影。欲令詩語妙，無厭空
且靜。靜故了群動，空故納萬境。鹹酸雜眾好，中有至味永。詩法不相妨，此
語當更請。」〔註112〕蘇軾此語對僧侶之文學是提綱式的評論，與張商言所揭
破之「流水今日，明月前身」異曲而同工也。又即《華嚴經》所謂「離文字法
中生出文字」也。這些評論既中肯又膚淺，在表面的光怪陸離萬象紛呈之後，
似乎有一潛流在涌動。這一涌動的暗潮不僅左右了宗教文學的創作，也左右了
禪機的參悟。亦即經由文學的表現方式，啟發而得到了一種參禪或者傳教的手
段，從而造就了他們之間具有的本質相似性。那麼這一方式是什麼呢？是
「興」。就是古典文學表現手段中的「興」，不過它在這裡脫離了文學的樊籠，
成為了一種宗教化、哲學化的手段，進而將自己本來的面目掩藏。為揭開其廬
山真相，擬從以下角度抽繹，將其分為三個層次推進，興的古典擷解；僧尼的
創作手段；宗教的傳法模式。「興」作為一種特殊的修辭手法，在其隱喻性的
原初含義之外，尚有盤旋上舉、取譬連類的功能存在。這些特質決定了它不僅
能夠作為文學的創作手法，同時也能夠成為一種認識世界的手段。這兩種特性
在禪宗的思想狀態和文學實踐中都有所反映，並最終以一種特殊的詩性智慧
的狀態呈現。

〔註111〕 《五燈會元》下冊，第 1090 頁。
〔註112〕 （宋）蘇軾著，李之亮箋注《蘇軾文集編年箋注》，成都：巴蜀書社，2011 年，
第 177 頁。

　　古代批評論中的「興」是一種「特殊的修辭手法或者創作手法，這種意義上的興的基本含義是隱喻。」〔註113〕然而這並不是它的原初含義，陳世驤《原興》中考論認為興的原初義為四手托舉一物之象，並指出所托舉之物為「槃」，進而引用商承祚說釋其為群眾舉物時所發出的聲音，又因郭沫若說指托物發聲時伴有旋轉之現象，並最後總括為「舉物旋遊者所發之聲表示他們的歡快情緒，實則合力勞作者最不乏邪許之聲。」〔註114〕這一古字後來衍生出許多含義，比如生發、擡起、神采飛揚等，這些隱約多面的含義對理解作為表現手段的「興」都有不可忽視的關係。同樣，從原始的構字分析中可以窺見，「興」之一字與原始的巫覡宗教有千絲萬縷的關係，其喁喁而歌盤旋迴環的狀態有似於通神的樂舞，這是一種沉醉、瘋癲的狀態，是則所謂的「邪許」之聲亦相當於通神的禱詞。〔註115〕此通神樂詞能「建立天人之間的聯繫，是古代中國人把握世界的方式」〔註116〕。亦即興所代表的體式具有一種力量，具體來說就是上舉的力量。至於禱詞的內容，已經難以在紛紜的歷史中聽真切了，不過從神歌的遺留來看，大概不外乎讚頌山川河流，奉承神祇的恩德，最後提出下民之禱告〔註117〕。這一相對固定的框架中包含的對自然及造物的讚美，正是

〔註113〕彭鋒著《詩可以興：古代宗教、倫理、哲學與藝術的美學闡釋》，合肥：安徽教育出版社，2002年，第26頁。

〔註114〕陳世驤《原興：兼論中國文學特質》，選自《陳世驤文存》，臺北：志文出版社，1975年，第236頁。

〔註115〕為此論徵實計，此處轉印滿族薩滿通神之程序以作參考：「野祭程序中突出的是薩滿神靈附體，在昏迷恍惚之中，模擬諸神精靈的各種動作。程序是：先行排神位儀式，由薩滿逐一召喚神名一一排列出神位再請神降臨，由薩滿每請一位神便模擬此神靈的動作，依靠癲狂的動作和法衣神裙的裝束，手擊神鼓，載歌載舞，蟒神降臨學蟒蛇，倒地蠕動，鷹神降臨學飛鷹，盤旋撲擊，維妙維肖。眾神一一降臨後，唱贊牌，讓眾神享祭眾族人向神案叩拜，行「拜鼓札。然後，再送神，唱送神詞，眾族人要齊聲向神道「吉順」「安寧」之類的頌詞，送神離去，薩滿從昏迷中蘇醒。薩滿擊鼓清宅，表示全家邪穢已趕走，平安大吉。」轉引自烏丙安著《中國民間信仰》，上海：上海人民出版社，1996年，第293頁。

〔註116〕王國席著《人文科學概論》，合肥：合肥工業大學出版社，2007年，第67頁。

〔註117〕這一祝禱詞的結構體系不獨為東方所有，西方也有類似的框架。《金枝》載：「在塞薩利和馬其頓的希臘人那裡，當乾旱延續了很久之後，他們通常送一隊小孩周遊附近所有的水井和水泉。在隊前走著一位戴花的小女孩，她的同伴們每一次停在水邊時都要把她流透，同時唱著一首禱歌，它的一部分歌詞如下：準備好所有的甘露，來滋潤一切生靈。綠了森林和大路，全靠上蒼的恩助。啊，我的上帝！願我們平原上有霏霏細雨降臨，讓葡萄鮮花怒放，讓

興起的依託，此環節具有最重要的意義，它象徵了對世界的重新發現。而在原始人那裡，重新發現的世界就是一個嶄新的被創造的世界，正是由於言語的精確描述這個世界才誕生了出來。興的力量正來自於對新鮮世界的發掘，造物所生發向上陽剛的力量，帶挈着懇求恩賜的野望與神靈交感。陳世驤對初民樂歌特質的概括，也能印和此一看法：「《毛傳》所標示的『興』句有一特色，即詩人藉以起興的對象不外乎以下數類：大自然的日月山川，原野飛禽，草木魚蟲，或人為的器具如船舶、釣竿、農具；外加野外操作的活動如採拾野菜、砍伐柴薪、捕捉鳥獸，以及少數的製衣織布等。『興』的意義既已在上文說明了，我們可以進一步欣賞此種種渾樸而動人心魄之美……《詩經》裡的興就是來自新鮮世界裏的詩質。」〔註118〕這是從內容方面的討論，就形式方面來看，興更具有令人沉醉和着迷的力量。

　　巫覡的相歌有一種質樸粗糙的表現方式，那就是重複迴環。祭祀環境決定了複雜的樂歌難以兼行，只有形式單一、內容相似的歌曲才能符合降神的需求。古人有一種追求簡約的趨勢，他們貼近自然經常能夠獲得靈感來表現外界，故而遣詞詠嘆讚美乃至呼喊時，只有一遍遍像喃喃自語樣的重複，才能加強語言的力量。這種迴環裏蘊藏了一種新的生機，那就是表面一致性中流動的變格，亦即複沓的手法。複沓的本旨是少數詞語的改換，這是一種句意的迴環增強。這種反覆回增配合特別的韻調能將歌呼轉化為潤飾，從而引發神采飛揚的氣氛，這是精神上舉的具現。又興句所具備的形式，所歌詠的內容，常常能為一篇之樞機，若讚美頌揚容止神靈，則多以歡快明朗的語調，描寫的造物也具備張揚之氣。如《邶風》之「燕燕於飛，差池其羽」，句雖短小，但已顯示出一片活潑的生機，差可為全文定調。故此氣勢可奪聽聞者之心肺，從而為篇目建立一情緒，也可以稱之為氣氛。即使為訓詁義理所滯礙，這一情緒的濡染也不可阻擋，這是一種不待思索的冥挈體驗，故其顯目奪魂處常可與題旨縈繞。復能與言外之意纏綿，則其天然具備隱喻的特徵不言而喻。質言之，興具備一種喚起的力量，其喚起的世界是澄明的，「它沒有沾染任何秘密和神秘的氣息，它的品格和本性根本不需要任何複雜而難以捉摸的形而上學理論來解

　　　　田野果實盈盈。使穀粒碩大飽滿，家家都富裕殷實。」（英）詹·喬·弗雷澤著，徐育新、汪培基、張澤石譯，《金枝》，北京：中國民間文藝出版社，1987年，第105頁。

〔註118〕《陳世驤文存》，第242～243頁。

釋」。〔註119〕此外，興還具備一全新的意義內涵，「即純美學意義上的情感的興發和興發的情感，我們把它稱作審美的存在狀態。對這種意義上的興的進一步梳理，會發現它的內涵與宗教祭祀中神秘體驗意義上的興，有某種程度上的驚人一致。首先，它也強調合一性。只是這種合一更自然地表現為情景合一，而不是在一定的宗教信仰下的人神合一。這種合一由於沒有任何前提條件，因而是人與自然的本然關係，是人生在世的基本生活世界。」〔註120〕

　　興原初既具有以上之多重意義，簡單的將其概括為文學批評或者表現方式，則失之粗疏。〔註121〕然而此理路畢竟乃古人對斯義的發明，僧侶群體對興之手段的化用，亦有對此道的因循之處，故略作考論正可申題中之義。興有領首的作用已為前文所揭示，此外亦有以其為譬喻義者。不過興作為譬喻的用例往往不具有典型性，《淮南子‧泰族訓》：「溫惠柔良者，《詩》之風也……《關雎》興於鳥，而君子美之，為其雌雄之不乖居也。《鹿鳴》興於獸，君子大之，取其見食而相呼也。」〔註122〕君子所申之義中有譬喻存焉，這里的譬喻意尚能引而未發。至鄭玄時則似以為通例，如「《邶風‧北風》：『北風其涼，雨雪其雱。』《毛傳》：『興也。』《鄭箋》：『興者，喻君政教酷暴，使民散亂。』《北門》：『出自北門，憂心殷殷。』《毛傳》：『興也。』《鄭箋》：『興者，喻己仕於暗君，猶行而出北門，心為之憂殷殷然。』」〔註123〕王逸作《楚辭章句》時將這一思想做了全面的總結：「《離騷》之文，依《詩》取興，引類譬諭，故善鳥香草，以配忠貞；惡禽臭物，以比讒佞；靈修美人，以媲於君；宓妃佚女，以譬賢臣；虬龍鸞鳳，以托君子；飄風雲霓，以為小人。其詞溫而雅，其義皎而朗。」〔註124〕王氏以為「興」比喻義的發展經歷了此三階段，遂成為後世詩文寫作的一種手段。以典型物象作為詩文之材料，不待更多言辭，即可表現悠遠之寄託，按此意亦有名其為興寄的習慣。所以言其並非典型的譬喻，在於它

〔註119〕〔德〕卡西爾著，甘陽譯《人論》，上海：上海譯文出版社，1985年，第175頁。

〔註120〕《詩可以興：古代宗教、倫理、哲學與藝術的美學闡釋》，第28～29頁。

〔註121〕興被界定為一種批評方式，是經學大彰之後的事。雖然興在《論語》中也有用例，但它不具備方法論的可行性，直到毛公在詁訓《詩經》時不經意的一句「興也」，才石破天驚使其具備了一種超越本來的意義，後來漢人在美刺說的策動下，更是對此意廣作闡發，從而建立了其詩學批評的地位。

〔註122〕劉文典《淮南鴻烈集解》，北京：中華書局，1989年，第674～675頁。

〔註123〕孔祥軍點校《毛詩傳箋》，北京：中華書局，2018年，第60頁。

〔註124〕（宋）洪興祖《楚辭補註》，北京：中華書局，1983年，第2～3頁。

所驅遣的喻體已經超出兩柄多邊義的束縛，即可以不假未經雕琢的天然物品的幫助，而求諸具備人文意蘊的象體，它所能指示的範圍必然由早期文本而確定，同一物象所積聚的早期文本的意義越豐富，則此時它所興寄的意蘊也就越廣闊。每一次對這些人文物象的驅遣，都在增加它們的內涵，同時也負擔了它所有的歷史，這就會在有經驗的讀者身上引起共鳴，也正是興能生出詩文之氣氛，乃至能與複雜文本的隱晦含義所糾纏的緣故。此義正合於劉彥和在《文心雕龍》中的概括：

> 觀夫興之託喻，婉而成章，稱名也小，取類也大。《關雎》有別，故後妃方德；尸鳩貞一，故夫人象義。義取其貞，無從於夷禽；德貴其別，不嫌於鷙鳥；明而未融，故發注而後見也。且何謂為比？蓋寫物以附意，揚言以切事者也。故金錫以喻明德，珪璋以譬秀民，螟蛉以類教誨，蜩螗以寫號呼，浣衣以擬心憂，卷席以方志固，凡斯切象，皆比義也。至如「麻衣如雪」，「兩驂如舞」，若斯之類，皆比類者也。楚襄信讒，而三閭忠烈，依《詩》制《騷》，諷兼比興。炎漢雖盛，而辭人夸毗，詩刺道喪，故興義銷亡。於是賦頌先鳴，故比體云構，紛紜雜遝，信舊章矣。〔註125〕

所謂「明而未融，故發注而後見」，正指興之能與所指物之無間也。不過彥和又僅將斯義限定為美刺則略嫌束手束腳，此機巧有若廣大造化主，能兼賅眾義。當用於美刺其固然能有其用，若非汲汲於此道，則其真具備稱名也小而取類也大的道體。正如錢穆所言：「詩尚比興，多就眼前事物，比類而相通，感發而興起。故學於詩，對天地間草木鳥獸之名能多熟識，此小言之也。若大言之，則俯仰之間，萬物一體，鳶飛魚躍，道無不在⋯⋯孔子教人多識於鳥獸草木之名者，乃所以廣大其心，導達其仁，詩教本於性情，不徒務於多識也。」〔註126〕

在文本中「興」具有領起與象喻之作用，而於認識世界的活動中，興所代表的方法乃為一種詩性之智慧。詩性智慧是維柯提出的概念，它區別於理性和抽象思維所產生的智慧系統，是一種先民的、神學的、詩人的智慧，所以它是感性的、激情的，它以比附、融通、隱喻為主要手段〔註127〕。這正合於對興

〔註125〕王利器《文心雕龍校證》，上海：上海古籍出版社，1980年，第227頁。
〔註126〕錢穆《論語新解》，成都：巴蜀書社，1985年，第422頁。
〔註127〕維柯在《新科學》中提到：「凡是最初的人民仿佛就是人類的兒童，還沒有能力去形成事物可理解的類概念，就自然有必要去創造詩性人物性格，也就是想像的類概念，其辦法就是製造出某些範例或理想的畫像，於是把同類中一

的詁解，對神的讚頌本就由興領起，這時候興句所源的物體正是以己度物的比附，即取捨之道完全存乎一心，當其為用而領袖原初歌詞時，突然產生的神采飛揚不正是融通嗎？至於隱喻的功能，雖在上文已有說明，但為確鑿計，請以朱光潛說再做張目：「隱喻就是我國古代詩論家所說的賦比興三體中的興。三體之中只有賦是直陳其事比和興都是附托外物，不同在比顯而興隱；興者起也，取譬引類，起發已心，詩文諸舉草木鳥獸以見意者皆興辭也，這裡的解釋又微有不同，著重的是托物見意，不像維科所著重的是以己度物；但是都把這種現象看做隱喻，也都認為隱喻與詩人的形象思維有密切的聯繫。」〔註 128〕至於其所取為「托物見意」還是「以己度物」，這是時序不同引起的概念理解偏差，維科所言的度物乃原初人處於自然宗教階段的狀態。這時候他們尚且不能理解萬物有靈的理論，對世界全部真相的認識都只能比附到身體的方寸，自然全憑一己之好惡；而到了人文宗教或文明昌盛的時候，人類完全可以將自己的感情附着在不同質的物體上了，這時候才有談起托物見意的可能。故維朱二人立場有異，宜乎其立說有所出入。這種取譬連類的方法不同於分析和歸納，這倒不是說它能對事務屬性的認知建立新秩序，而是因為角度的不同，興物和托物的意義發生了改換，它們之間有了一種新的隱祕聯繫。就這層意義來看，此智慧有類似於「道」的體性，萬物通過興體的相黏，可以成為一統一的意義體，由此，「平時看起來屬於不同類的事物因為道通而可以互相比附」。〔註 129〕質言之，宇宙萬物正可藉此互相連累而統歸於一，從而泯滅物物、物我之差異。這一種廣大的造化境界，正需要比類而相通感發而興起的獨到見地。〔註 130〕

　　切和這些範例相似的個別具體人物都歸納到這種範例上去。」這是一種以己度物的方法，這也是詩性智慧的內涵，他在同書曾做說明：「人心由於它的不確定性，每逢它墮入無知中，它就會對它所不認識的一切，把自己當作衡量宇宙的標準。」（見〔意〕維科著，朱光潛譯《新科學》，北京：人民文學出版社，1987 年，第 97 頁。）

〔註 128〕朱光潛著《西方美學史》上卷，北京：人民文學出版社，1979 年，第 342 頁。
〔註 129〕《詩可以興：古代宗教、倫理、哲學與藝術的美學闡釋》，第 102 頁。
〔註 130〕斯說亦為方東美所揭櫫，其在《生生之德》一文中言道：「中國人之宇宙，一有限之體質而兼無窮之勢用也。體質寓於形跡，體統寄於玄象，勢用融於神思。……藝術造詣，踐跡乎形象，貫通乎神功，中國人之觀察宇宙，蓋材官萬物，以窮其妙用也。……中國人之物質空間時間諸觀念，貌似具體而實玄虛，故其發而為用也，遣有盡而趣於無窮。老子玄覽萬象，損其體，致其虛，而物無遁形。經不云乎？『道之為物，唯恍唯惚。惚兮恍兮，其中有象。恍兮惚兮，其中有物。窈兮冥兮，其中有精。』執大象以言萬物之精，故能識

二、「興」在佛教文學創作中的使用

宋代僧尼的文學創作實踐是如何貫徹興之一道的呢？就詩歌來看，宋代整體呈現出一種理盛於義的特質，然而說理每強一分，則天然的興味則同時削減一分。因興意不能摻合抽象的概念，它必須以生動為全體，這絕非個人的一隅之見，而是經過許多詩話、詞話所印可的。如朱子論：「『倬彼云漢』則『為章於天』矣，『周王壽考』則『何不作人』乎。此等語言自有個血脈流通處，但涵泳久之，自然見得條暢浹洽，不必多引外來道理言語，卻壅滯詩人活底意思也。周王既是壽考，豈不作成人材，此事已自分明，更著個『倬彼云漢，為章於天』喚起，便愈見活潑潑地，此六義所謂興也。興乃興起之義。凡言興者當以此例觀之。《易》以言不盡意而立象以盡意，蓋亦如此。」〔註131〕又如陳廷焯之《白雨齋詞話》：「所謂興者，意在筆先，神餘言外，極虛極活，極沉極

其玄同，窮其奧妙，而無所遺焉。姚惜抱曰：『聖人返天地之始，故不係乎有之跡而常無焉以觀其妙也，聖人循萬物之母，故不因故跡而常有焉，日生不窮，心達乎萬物之極際而觀其徵焉。』夫覘象不滯於跡而神會其妙，觀物不違其性而心通其徵，可謂多悟空虛，冥目大道，『游於物之所不得遁而皆存』矣……儒家貞觀萬物，原亦設卦陳爻以應天地山澤雷風水火之形，日月四時之態，考其要旨，僅在立象以盡意，援爻以通情，玩占以觀變。《繫辭傳》曰：『是故易者象也，象也者像也。象者材也，爻也者效天下之動者也。』凡此云云：皆舍宇宙之形跡以顯其勢用，所謂窮神知化，『妙萬物而為言者也』。乾道變化，首出庶物，坤厚載物，含弘光大。天地交而萬物通，其用也泰；天地感而萬物化生，其用也咸；天地革而四時成，日月得天而能久照，四時變化而能久成，其用也應恒。推而至於萬物，雷取其動風取其撓，水取其潤，火取其燥，山取其堅貞，澤取其虛受，莫不有妙用流寓其中也。儒道兩家觀察宇宙，皆去跡存象，故能官天地府萬物而洞見其妙用。準此以言宇宙，則一切窒礙之體隱而弗彰，只餘藝術空靈勝境，『照燭三才暉麗萬有』矣。」（見方東美著《武漢大學百年經典・方東美文集》，武漢：武漢大學出版社，2013年。）是方先生以為古人取類連譬之法，乃有待於一分類之思想成熟，遂可將萬物繫連到有限的幾種要素中，這些要素既不同於希臘之分子原子說，又不同於印加之虛妄元素說，迥非蹈空之言，乃一純任自然的象喻解構，此結構內又含一個更細微的體系，因此劃歸為一也可，發散為萬物也可。又以其用為根，當其為一時，能統攝萬有全體；方其分散時，則為興體所囊括之萬象，故能僅餘一藝術之空靈境界。方先生的說法有區別於維科處，亦有能相通者。其細部之不同，多在於兩人着眼點的不同，此乃大醇小疵不足為慮。至於其大不同者，即對於興或者詩性思維與分類意識先後的判斷，由於證據之缺乏難以定讞，見仁見智可以，這兩種看法實際上不影響對先民興發意識的判斷。

〔註131〕北京大學哲學系美學教研室編《中國美學史資料選編》，北京：中華書局，1981年，第 67 頁。

鬱，若遠若近，可喻不可喻，反復纏綿，都歸忠厚。」〔註 132〕是主流宋詩的趨向與興的風尚大相徑庭，以興寄都絕來評論當時的狀態，雖不中亦不遠矣。故而在士人的創作實踐之外，考察僧尼富於禪機的作品，或能於瑣碎中見「興」意所提攜的詩質。所以如此之故，在於禪宗思想天然契合於興的況味，尤其是講究體會萬物並由此達到頓悟狀態的看法，以及崇尚自然明心見性的風尚，這些都對文學有推挽和挹揚的作用。這種作用不經意的從禪詩、偈語、頌古、拈古乃至公案中露出一鱗半爪，便能奪人眼目，以成其特殊審美意境，而其字裏行間蘊攜的舉起和升騰的功能，又能給人以引而不發遐思無限的啟迪感。彭峰將興在文學中的應用切分為三個層次，分別是觸物起情、乘興而作和隱約其言，彭說具有一定的合理性，然這三者亦有互相滲透難以區分處，一詩一文中往往兼備，故後續之議論雖標有名目，但不再量長度短強鑿混沌，一切以興的意味為導向。〔註 133〕

　　僧尼在文學往往有追求平淡風格的趨向，然而表面的平淡其實是為了創造「味外之味」的境界，這是禪學思想內化的結果。要達成這樣的目標，就要求創作者必須熟練的使用觸物起興的手法，這一手法能於瑣碎中點染出真醇，因此平淡之外會留有餘味。就僧尼而言，其所起者或為意或為情也可能為禪機。為意者其文具備超拔氣，能點染枯燥理路至於活潑之境，而褪去生澀粗礪的鈍拙感；為情者其文具靈秀氣，能泯物我之異成一圓融之態，而生出天然工巧的混成感；為禪機者，無往不復，遂能以天地為際，周流六虛，正堪為載道之資。質言之，「禪學與詩歌風格論的關係，應統攝於極致價值『味外之味』下」，因此，傅偉勳說：「禪道藝術的旨趣並不在藝術的高度審美性，而是在乎此類作品能夠自然反映或流露禪者本人無我無心的解脫境界。」〔註 134〕更深一層講，所謂「觸物以起情謂之興，物動情者也」〔註 135〕，這是一種包羅甚廣的情緒，可以說「在情的後面隱藏着一個真，即情況的真、內容的真，真能與信相應……不能造偽作假」〔註 136〕。即只要不是口不對心的內容，盡可被

〔註 132〕郭紹虞主編《中國歷代文論選》第 4 冊，上海：上海古籍出版社，1980 年，第 93 頁。

〔註 133〕《詩可以興：古代宗教、倫理、哲學與藝術的美學闡釋》，第 106～126 頁。

〔註 134〕林湘華撰《禪宗與宋代詩學理論》，北京：文津出版社，2002 年，第 147 頁。

〔註 135〕北京師範大學中文系文藝理論教研室編《文學理論學習參考資料》，瀋陽：春風文藝出版社，1982 年，第 282 頁。

〔註 136〕陳良運《中國詩學體系》，北京：中國社會科學出版社，1992 年，第 123～126 頁。

其包容。擔柴運水打坐參禪，這種崇尚自然的山林風氣，可孕育僧尼之真性真情，即所謂明心見性證見真如，這一目標在禪宗思想中居有十分重要的地位。此真性情在語言中自然流露，就成了一種「文字禪」的形式。然而自六祖惠能以下，禪師早已洞見了文字的局限性，因此他們在說法時無不以祛斧鑿煙火氣為宗尚。要達到這樣的目的，也只能藉助「興」中的譬喻義。故其作品往往好設譬喻，蓋以譬喻說理能圓融自足，又可以免議論生硬之尷尬。總而言之，禪宗的思想崇尚帶有餘味以及啟發性的語言品質和情感體驗類型，要擔綱完成這種重任，作為創作主體的僧侶非選取興的資源而不能完成。職是之故，其詩中興之特徵往往表露無遺：不經雕琢而能向於混融，這也是詩性智慧的表徵。以物為引順勢興發吟詠或者浩嘆，如：

擁毳對芳叢，由來趣不同。髮從今日白，花是去年紅。艷色隨朝露，馨香逐晚風。何須待零落，然後始知空。〔註137〕

風來松頂清難立，月到波心淡欲沉。會得松風元物外，始知江月似吾心。〔註138〕

秋半西風急，當空月正圓。蕭蕭木葉落，湛湛露珠懸。嘹唳沖雲雁，淒清抱樹蟬。頭頭渾漏泄，切忌覓幽玄。秋深天氣爽，萬象共沉沉。月瑩池塘靜，風清松檜陰。頭頭非外物，一一本來心。直下便薦取，切莫更沉吟。〔註139〕

金鴨香爐錦繡幃，笙歌叢裏醉扶歸。少年一段風流事，只許佳人獨自知。〔註140〕

〔註137〕 周裕鍇《禪宗語言》，上海：復旦大學出版社，2017 年，第 101 頁。這首文益所作的詠物詩，以牡丹為興起，「採用精工的五言律詩，全用譬喻和象徵來說理，以牡丹的榮衰闡明色即是空的觀念，意在言外，餘味無窮。」

〔註138〕 這首詩以松風為興起，著眼於江月的空幻，遣物造境中有一股灑脫的意味，也因此全詩讀來爽快而流麗，且包含一種通透的從容感。

〔註139〕 張超主編《經典禪詩賞析》，北京：線裝書局，2007 年，第 235 頁。這本是兩首詩，因為題旨和筆風相近，故而經常被認作一首。作者運用鮮活的筆觸，先後描寫了多種興物，如「颯颯西風，玲瓏璧月，蕭蕭木葉，湛湛露珠，嘹亮雁唳，淒清蟬鳴，瑩淨池塘，婆娑松檜，」這些興物的背後都「呈露著宇宙大心。只要以澄明的襟懷去感應，就能直下薦取，直接契入存在之深處。任何向外覓幽玄、更沉吟的舉動都會蹉過一切現成的悟境。必須用迴超邐邐的輯與知性的禪悟直覺觀照，才能對現前景致作即物即真的澄明感應。」

〔註140〕 這首法偈是克勤聞法演所舉示的艷詩後所作，法演所舉原詩為：「頻呼小玉元無事，只要檀郎認得聲」，克勤聽罷出門見雞飛上欄杆鼓翅而鳴，遂悟故呈此

　　兩岸蘆花一葉舟，涼風深夜月如鈎。絲綸千尺慵拋放，歸到家
山即便休。〔註141〕

　　落葉已隨流水去，春風未放百花舒。青山面目依然在，盡日橫
陳對落暉。〔註142〕

宗教文學有一些相對確定的題旨，主題的確定性易使得這些作品失諸特色流
於扁平。因此它也就有了某種應制文類特徵，這對文學的自由性和藝術性都有
較大的戕害。擺脫這些桎梏一直是神職人員用力的方向之一，較有代表性的成
就就是宋代的禪詩。如上所舉各例，這些詩歌的創作表現出僧侶在掙扎中尋求
一種靈感個人化的過程，不僅脫離前代詩人的所留下的焦慮，還要抵抗教義帶
來的蒼白和扁平化趨勢。可以看到他們的靈感已經刨除了冥契及形而上的要
素，轉而根植於瑣碎的生活。瑣碎生活本身並不含有詩質，因此只有經過「興」
的點染，從而上舉為蘊含機鋒的醒豁見地，才能成就其為宗教文學的形式。這
種點染要升級為形而上，要成全其廣大造化主包羅萬象的狀態，就必須取譬連
類、小中見大，這正是興本質的功能。因此禪詩中的搬柴運水、花鳥蟲魚多能
給人以無限遐思，它實質上已經和寂靜涅槃、金剛般若成為一而二二而一的整
體，完成了平淡中見真醇的跨越。這種閱讀體驗經常被宗教的外殼所遮蔽，讓
讀者以為它僅由對教義的自然聯想而生，從而忽略了興的紐帶作用。禪宗的思
想予料是提供了進一步聯想的可能，黃花和般若已經在讀者的頭腦中建立了
某種固定的聯繫，這種特定的印象是審美的資源，同時也是負擔。進一步的跨
越卻不能僅憑瑣碎的物象喚起，興在其中至少擔綱了兩種角色，一則作為紐帶
烘托了全體，二則讀者作為印象批評的鎖鑰，開啟取譬連類的聯想功能。故而
興的應用不但提攜了詩的品質，也呼應了上舉以及托物見意二特徵。

　　　　偈。前兩興句以典雅雍容之氣奠定了全詩綺靡的風格，同時又能意存言外，
　　　　興味無窮。克勤以金鴨浮香、錦繡帷帳、笛歌淺醉來描摹色界的紛繁與喧囂，
　　　　說明了禪法之機用無窮。
〔註141〕在禪宗的話語系統中，歸鄉是一個典型的譬喻，其看似寫對桑梓的久違感，
　　　　實則意思全在言外，或以娑婆世界之染濁亦為淨土一種，則孜孜矻矻所求的
　　　　解脫境界即為當下一念的轉化，一念既轉則他鄉亦成故鄉。這首詩中前兩個
　　　　興句，以一種明快的筆調寫夾岸所見之風物，蘆花舟涼風月雖染了一層霜色，
　　　　但並不給人寒涼的感覺，反倒時有輕快歡暢的情緒流露。
〔註142〕此詩乃月庭忠禪師對不邊意的頌古，其一二句是興，而三四句乃至整首詩未
　　　　免都是興，山水情絲之後正是一片空靈之心，這種空靈中蘊含了情趣生機，
　　　　以及一切生長的可能，這正是對不邊意最好的註解，因而此詩以一種富有隱
　　　　喻的興味，說明了禪宗的重要話頭之一，心與境融合正是其不二法門。

禪詩與「興」相遇塑造的平淡沖和之審美境界是如何產生的呢？是深刻內省的結果嗎？恐怕不是！雖然僧侶在作詩時都存了登岸捨筏的心思，但是這種省思已經成為禪宗的一種程式化儀式，他們以已洵物對森羅萬象都著了空幻的色彩，故而對文字葛藤的出離是不待思索即可喚起的過程。禪宗拋棄了佛教學術性的某些特徵，對高文典冊所組成的藏經興趣缺缺，他們代表的文化中有一股山林風氣，亦即由周遭的平凡世界中生長出來的。在這一風氣的裏挾下，僧人不但持人性具備圓融完滿般若聖智的觀點，同時也主張不事雕琢的自然昭示了世界的完美狀態，即粗糲化的背後隱藏真淳。禪宗文學正是在這些基本邏輯下進行的，一方面他們要表現周遭的世界，另一方面這種表現又可能形成新的遮蔽。因為表現是經由文化符號展開的，而文化符號並非天然的可以直接感受的東西。這是矛盾的兩個方面，描述欲使其條理化，而條理化的同時又消解了完整性。這實質上與興的思想不謀而合，因此宗教徒在平衡這種矛盾的時候就發現了興的手段，興著重在人與自然相遇中那種不可遏制的衝動，是一種全體感受的重現，甚至類似於神所點化的全知境界。然而為何興能擔當這一重任呢？楊萬里在《誠齋集》中言道：「大抵詩之作也，興，上也；賦，次也；賡和，不得已也。然初無意於作詩，而是物是事，適然觸於我，我之意亦適然感於是物是事。觸先焉，感隨焉，而是詩出焉，我何與哉？天也。斯之謂興。」〔註143〕楊氏此論雖中肯但過於迂迴。創作活動中存在一個短暫的審美過程，這一過程一般認為包含了迷狂的成分，類似於宗教體驗中的冥契，是一種合一的感受，這也正是前文所揭示的興的大用。審美活動中的興被還原為文本，這其實是一種蛻化，為了完成蛻化只有藉助於人類的想像和聯想，也就是興所主張的取譬連類等功能。王夫之曾言及這一過程為：

> 有識之心而推諸物者焉，有不謀之物相值而生其心者焉。知斯二者，可與言情矣。天地之際，新故之跡，榮落之觀，流止之幾，欣厭之色，形於吾身以外者化也，生於吾身之內者心也；相值相取，一俯一仰之際，幾與為通，而勃然興矣。〔註144〕

然而這種觸物起情式的還原，畢竟並非完整的審美體驗的再現，故而其所產生

〔註143〕 蔣述卓等編《宋代文藝理論集成》，北京：中國社會科學出版社，2000 年，第 817 頁。

〔註144〕 （清）王夫之著，《船山全書》第三冊，長沙：嶽麓書社，1998 年，第 383～384 頁。

的文學作品中對迷狂的色彩保留很少，也即宗教性神聖性的內容會被遮蓋。要完整的復現這樣的廣大造化主境界，非得需要攀援著興開闢的歡騰上舉的路徑，事實上它指示了審美中迷狂力量的蛛絲馬跡，對這種境界的審美發掘會獲得神啟式的體驗，故其所展示的一鱗半爪往往禪機透漏。其文學風格往往表現為閃爍朦朧的筆調，偏嗜於色空有無之際的景象，這種儉省的風格和恍惚的氛圍成就了禪詩獨特的義趣：似有還無的味外之味。

　　「興」既能提挈詩質，則不獨可為禪詩或僧侶之詩所專美，即從古典時期的樂歌到盛唐的韻調，都可以被興的手段所點染，也都可以被帶契起一種回增乃至歡舞的力量。那麼禪宗僧侶的詩歌與興的合奏到底有何特別之處？清人趙殿成論王維詩時曾談及：「唯右丞通於禪理，故語無背觸，甜徹中邊，空外之音也，水中之影也，香之於沉實也，果之於木瓜也，酒之於建康也。使人索之於離即之間，驟欲去之而不可得。蓋空諸所有，而獨契其宗。」〔註145〕這一論述雖為王維所發，但其所囊括者又不獨為右丞之詩。王氏好佛，其作詩之法多得佛學沾溉，故斯論亦可以視作為佛教詩歌而發。禪宗對色法的態度可以籠統地表述為「於相而離相」，這一思想不僅辯證而超越，且具有豐富的意蘊，於相是對萬物的體味，而離相則是相對的得魚忘筌。宗教徒宣稱後者為追求的終極，然而在文學中這兩者實不分軒輊，要創造出離相的可能，則必須首先用功夫在對相體的描繪中。這又要回到對語言遮蔽作用，以及興味點染功能的論述中，「無論用語言或思想來概括對象時，由於語言的質實或思想的肢解作用，將使對對象的認知陷入規定性的框限中，無法被完整的認識。而在二道相因的思考架構中，這種隨立隨破、隨破隨立的說法，將沒有一定的、確切的概括，造成對象始終沒有一種規定性，在這撲朔迷離之中，伸展其意蘊，觸及整體的意義。」〔註146〕這一思想及審美理路，正合於前述興在文學中作用的表述，禪宗對色法的態度與興之思想相通，故而其在文學中的表露也正可契合興法的內涵。二者的相遇造就了一個意蘊世界，海德格爾指出意蘊「包含有此在有所領會並作出解釋之際能夠把含義這樣的東西開展出來的存在論條件」，文學所創造的意蘊世界是一種深層的體驗空間，既然是體驗空間，那麼它必然超出了思維的層次。由於意蘊世界的不可琢磨性，作詩的時機往往與禪宗的因緣

〔註145〕（唐）王維著，（清）趙殿成箋注《王右丞集箋注》，上海：上海古籍出版社，1998年，第565頁。
〔註146〕林湘華《禪宗與宋代詩學理論》，北京：文津出版社，2002年，第250頁。

說有所關聯，它要求創作者必須進入類似禪定的狀態，「只有突破理智的這層外殼，深入到情、景組成的基本的生活世界時，才會自然情境俱到而有自由自得之妙。」〔註147〕這正是禪宗一貫的以心印心、當下直指的傳法方式。《文鏡秘府論》曾粗略地描述過這種興發的方式：

> 凡神不安，令人不暢無興。無興即任睡，睡大養神。常須夜停燈任自覺，不須強起。強起即昏迷，所覽無益。紙筆墨常須隨身，興來即錄。若無紙筆，羈旅之間，意多草草。舟行之後，即須安眠。眠足之後，固多清景，江山滿懷，合而生興，須屏絕事務，專任情興。因此，若有制作，皆奇逸。看興稍歇，且如詩未成，待後有興成，卻必不得強傷神。〔註148〕

這種專任興情的思想具有極大的價值，它指示了一種高妙的作詩門徑，也印合了禪法的境界。對在這種狀態下作的詩，清人宋大樽曾稱譽道：「不佇興而就，皆跡也；規儀可範，思識可該者也。在前此後此不能工，適工於俄頃者此俄頃亦非敢必覬也，而工者莫知其所以然。」〔註149〕而所以能如此之故，各家皆有其說，此處茲舉一例，以成全體。清人李重華嘗論：「興之為義，是詩家大半得力處。無端說一件鳥獸草木，不明指天時而天時恍在其中；不顯言地境而地境宛在其中；且不實說人事而人事已隱約其中。故有興而詩之神理全具也。」〔註150〕當然這種方法也有一定的風險，如果學力、天分乃至因緣不夠，詩詞就會變成陳詞套語的淵藪，一有酸焰氣則全無風骨，同樣也就失卻了興所具備的作用，這也是許多僧尼的作品被詬病的原因。

　　興的原初義即為詩之表現手法，故而以上對禪詩興法的淺論可視作其本色當行。然而興又不僅為作詩之心法，其含義的複雜性已為前述論證所說明。簡而言之，除文藝手段之外其更為一思維方式乃至存在之狀態。職是之故，除禪詩之外其在宋代佛教文學乃至宗教事物中有更大的用途。興作為一種狀態的本質是啟發，它試圖經由對周遭世界的描述，來領起讀者進入到一「全知」的境界。馮友蘭曾論及這一境界：「乃專指一種哲學，承認有萬物一體之境界；在此境界中，個人與「全」（宇宙之全），合而為一；所謂主觀客觀、人我內外

〔註147〕《詩可以興：古代宗教、倫理、哲學與藝術的美學闡釋》，第309頁。
〔註148〕 白壽彝主編，羅超、龔兆吉編註《文史英華·文論卷》，長沙：湖南出版社，1993年，第214～215頁。
〔註149〕（清）王夫之《清詩話》，上海：上海古籍出版社，1999年，第105頁。
〔註150〕《清詩話下冊·貞一齋詩說》，上海：上海古籍出版社，1978年，第930頁。

之分，俱已不存。……個人之精神與宇宙之大精神，本為一體；特以有一種後起的隔閡，以致人與宇宙全體，似乎分離。若去此隔閡，則個人與宇宙，即複合而為一，而所謂神秘的境界，即以得到。」〔註151〕這一境界的發生要求創作者具備詩性智慧，接受者同樣也要具備對全體大局的了知。這种了知姑可用佛教現量的概念展示，「現者，有現在義，有現成義，有顯現真實。現在，不緣過去作影。現成，一觸即覺，不假思量計較。顯現真實，乃彼之體性本自如此，顯現無疑，不參虛妄。」〔註152〕然而語言的有限性會遮蔽這一狀態的展示，可是捨此而外人類又難以把握其它更有效的工具，因此只能修飾信息呈現的方式。前面已經論及興作為橋樑的功能性，亦曾言道其以比附、融通、隱喻為主要手段的特徵，這些內容的全體構成了它對禪宗傳法方式尤其是以文學文本為主體的手段的引導和指示作用。以禪宗公案文學而言，其產生與傳播之過程，無不滲透了興之體用的全部。

何謂公案？三教老人於《碧岩錄》書端序曰：

> 祖教之書謂之公案者，倡於唐而盛於宋，其來尚矣！二字乃世間法中吏牘語。其用有三：面壁功成，行腳事了，定盤之星難明，野狐之趣易墮，具眼為之勘辨，一呵一喝，要見實詣，如老吏據獄讞罪，底里悉見，情款不遺，一也。其次則嶺南初來，西江未吸，亡羊之歧易泣，指海之針必南，悲心為之接引，一棒一痕要令證悟，如廷尉執法平反，出人於死，二也。又其次則犯稼憂深，繫驢事重，學弈之志須專，染絲之色易悲，大善知識為之囑咐，俾之心死蒲團，一動一參如官府頒示條令，令人讀律知法，惡念才生，旋即寢滅，三也。具方冊作案底，陳機境為格令，與世間所謂金科玉條、清明對越諸書初何以異？祖師所以立為公案、留示叢林者，意或取此。〔註153〕

上論略顯迂迴，實質上公案就是「禪家應佛祖所化之機緣，提起越格之言語，動作之垂示……至嚴不可犯，以當法者，以斷是非者……以之判斷迷悟之類。」〔註154〕則公案包含語言、動作兩種垂示，這其中以語言為主，動作為輔。而

〔註151〕馮友蘭《三松堂學術文集》，北京：北京大學出版社，1984年，第50頁。
〔註152〕（清）王夫之《船山全書第十三冊・相宗絡索》，第536頁。
〔註153〕（宋）圓悟克勤著，尚之煜校注《碧岩錄》，鄭州：中州古籍出版社，2015年，第3頁。
〔註154〕丁福保、孫祖烈編《佛學精要辭典》，北京：宗教文化出版社，2014年，第120頁。

公案所稱示的狀態往往不能復現。為後學晚輩計，這種垂示往往被記載在案，所以其又為文字禪之一種。公案的修學之方式被稱為「參」，所謂「參公案」者，則是反復研學一則公案，以單刀直入，開悟本來人人具有之心性。即「以文字而大闡機用之門，棒喝交施，殺活自在，更由機用盡而為話頭，遂成的法。」〔註155〕既明公案之產生目的，則須進一步討論其何以能紓解疑情證得真如之原因。一般認為參的過程是將「意識專注於一則公案上，公案的荒謬性能誘發禪師的深層意識，即三摩地。這時，禪者身心與世界圓融一體，物我兩忘，自我突然消失，而達到無我的境界，這種無我狀態的持續就會讓禪者直覺到禪師所說本來面目。」〔註156〕這一看法或有不確處，首先它繞過了公案本身的質性，籠統將所有的公案都標定為矛盾性的結構，這是一個虛假的命題。其次對所謂荒謬性的認識是需要藉助分辨能力，而參究的本質正是要破除這種意識思維的穿鑿。再次自我消失無我云云或純屬虛妄的猜測，疑情的破除應當以了知的狀態結束，人稟性各有不同，開悟狀態也難以一概而論。這些都是閒話，真正要了解公案的力量，還需要從其文本結構入手。

公案的兩種基本類型：語言垂示和動作垂示，也有同時包含以上兩種要素的公案，限於篇幅的原因，此處不再列舉。馬大師不安一條公案本身只有一問一答兩句話，非常簡要，其餘大篇幅的內容都是宋代其它僧侶的詁解。這些解釋可以讓讀者看到一宗教文化的闡釋方法，因此它們和公案本身具備等同的價值。這貌似互不關聯的問答創建了一個意義的場域，一個開放的意義場域，它號召讀者（參學者）通過想像和復現來重構其內涵，進而領會存在於場域周圍的飄散意義。這一切是如何可能的呢？馬祖在回答「尊體如何的問話時」，顧左右而言他，說出了兩個具有意象功能的符號。這一符號正可看做其藉以起興的對象，因為它要帶起的是對世界本質的把握，這是言語功能之外的存在，故而興語的後半部分被自然而然的省略。然而興的主體已經具足，它綜合運用了比附、融通和隱喻等一切手段。同時它又提供了一種發散的狀態，意欲將人帶入佛教所謂的徹悟的境地，這一狀態的可能既有興原初義上舉的作用，同時又藉助了語言慣性所產生的張力。即在思維世界中，個人對確定問題的答案有相似的期待，這是文化乃至集體無意識塑造的結果，然而如果這個期待落空，

〔註155〕 黃懺華著《佛教各宗大綱》，臺北：天華出版事業股份有限公司，1980 年，第 294～295 頁。
〔註156〕 李建春《禪宗公案中的符號自我與美學意味》，載《符號與傳媒第 10 輯》，成都：四川大學出版社，2015 年，第 178 頁。

得到的是全不相關的內容，那麼人就會從現有的答案，亦即此處的興語中作無窮的聯想。這個聯想的界域理論上是不存在的，所以興發狀態能提供開悟這一類的冥契體驗。葉朗對此有精到的評述：「所謂興，就是……對人的精神從總體上起一種感發、激勵、升華的作用，使人擺脫昏庸猥瑣的境地，變為一個有志氣、有見識、有作為的朝氣蓬勃的人，從而上升到豪傑、聖賢的境界。這是興的心理內容、心理特點，也是興的社會功能。孔子把興擺在興觀群怨的首位，……對人的精神從總體上產生一種感發、激勵、淨化、升華的作用。」〔註157〕這不正與公案產生的原初義同工嗎？而對這一抬舉力量的發掘畢竟需要悟性，並非每個人都可以具備，所以就有了後來宋代高僧對公案的注釋，如果說公案本身是興的源頭，其場域的核心，那麼這些注釋就從各個方面加強了這一文本系統的力量，這是一種同源力量的加持，即評唱、頌古等也採取了興的手段來烘托其核心。這裏有一個前提需要說明，即高僧對公案的興發力量具有明確的自覺。他們察覺到了公案文本中流通動的力量，並對其進行了模擬的使用。這不但從源文本和注釋系統的同構性中可以看出，也能從公案文本系統的歷史性中得到證明。據筆者考證，同一公案的歷時性版本系統中，越靠後來的即越晚出現的版本其語言越精細，詩化功能越強，同時由於語言的和諧性所產生的隱喻、融合功能也更加強大。這就證明了編纂者對整齊、和諧乃至興義盎然的文本的察覺和青睞，這是題外話。

公案以錯位問答形成一種強烈的語言張力，來興起人對意義的體察。高僧的評唱和頌古雖然步趨這一理想，但卻採取了一種不同的策略。這些文本在形式上具備詩或者說韻文的特徵，當然其過渡與承接就顯得分外鬆散，而詞語的遣用也更加自由，這使得語言本身的隱喻性得到了加強。這種鬆散形式和隱喻的加強會使得可思議的意群不完整，亦即語言不具備立即過渡為意念的條件，從而給了更多想像及聯想發生的空間。德國康德曰：「一個在空間中持存的現象（一個不可入的廣延）所能包含的只不過是關係，而根本不是什麼絕對內部的東西。」〔註158〕語言自然也不能例外，劉長東教授將散碎語言（尤其是公案話頭等）中意義發生的過程描述為：「瑞士索緒爾即云：『在語言狀態中，一切都是以關係為基礎的。』此關係即句段與聯想之二關係。語法規則下之『句段總是由兩個或幾個連續的單詞組成』，各詞『結成了以語言的線條特性為基

〔註157〕葉朗《中國美學史大綱》，上海：上海人民出版社，1985 年，第 52～53 頁。
〔註158〕〔德〕康德著，鄧曉芒譯《純粹理性批判》北京：人民出版社，2004 年。

礎的關係』,『一個要素在句段中只是由於它跟前一個或後一個,或前後兩個要素相對立』,或在『整體和部分間的關係』之中『才取得它的價值』。另一方面,『各個有某種共同點的詞會在人們的記憶裏聯合起來』,即以詞根之同、所指之類似或發音之近同等共同性,而構成具有各種關係的集合,此即聯想關係。『句段關係是在現場的』,『它以兩個或幾個在現實的系列中出現的要素為基礎。相反,聯想關係却把不在現場的要素聯合成潛在的記憶系列』。句段『有連續的順序和一定的數目』,而聯想集合裏的各要素則無定數、順序。語言活動中集合的兩種形式同時運行,相互依存和制約,句段在『空間上的配合可以幫助聯想配合的建立,而聯想配合又是分析句段各部分所必需的』,它『讓各種聯想集合參加進來,以便決定我們的選擇』與替換詞彙。」〔註159〕即語言中意義的發生多有藉助於文字隱喻的本質,從而調動讀者的想像與聯想,恰當其提示的語彙與我們固有的經驗發生同步時,就會產生一種徹悟的感覺,這一過程既可視為參究,也是對興寄的領悟。

總之,評唱類的注疏內容和原始公案文本存在匹配的錯位,這是其一。其二就評唱本身來說,也包含了更廣更寬的深度。因拈古、頌古等內容不但是詩化的,而且純乎是興的形式,如馬大師不安中所提及的「金翅鵬」「髑髏」「鵒鳩」等都是興的寄託物。興作為詩本質規定,既要在有限語言中創作一個開放的意蘊世界,如此語言所代表的符號系統與指稱緊密的聯繫需要被切斷,雅各布森指出:「除了把符號與指稱合一的看法(A即A1)之外,我們還必須意識到這種合一之不足(A非A1);這種對立是關鍵性的,沒有這種對立,符號與客體的聯繫就變得自動化了,對現實的感知就消失」,〔註160〕這種消失是伴隨語言能指與所指的距離感產生的。這是言語類公案中興義的發明,動作垂示類公案雖取法不同,然而其導人啟迪的路徑和意願是沒有差別的。

三、「興」的宗教功能發覆

早期禪宗的動作垂示方式較多,常見的比如棒喝、指月、拈花等,它們被認為在適當的機緣推動下會具備法寶的價值。這一類型的開悟手段的根基是禪宗對理體真相的認識,以及不立文字教典的堅持。實質上此風尚並未存在太

〔註159〕劉長東著《試探臨濟義玄傳法手段之意義——以異僧佐贊與棒喝接引為例》,《國學》,2017(01):154~185。

〔註160〕參見趙毅衡《文化符號學》,北京:中國文聯出版社,1990年,第106頁。

久就沒落了，被新興的更具有指示效果的方法所取代了，比如公案中具有舞蹈屬性的動作垂示，上文例證中提到的俱胝和尚一指禪就是其中較典型的代表。俱胝公案只有寥寥十二字：「俱胝和尚，凡有所問，只豎一指。」既然對所有的問題都可以豎指作答，則其可能的解釋路徑有二，其一，豎指和形上的終極問題有類似的質性；其二，豎指作為線索指示了開悟的方向。且不說應該採用哪一種解釋策略，若仔細分析實則這兩種理路又有相通處。依照哲學的觀點來看，萬物都是終極觀念的象體，正如每一滴海水都具備海水的所有特徵，因而以一指來代替形而上是可行的。這樣它既具備全體性的特徵，同時它又僅是象體，則作為線索指示迷途也是可行的，線索的帶契功能正是前文對「興」之體用的規定。而之所以說這種動作垂示具備舞蹈的功能，又在其動作所具有明確的指示性方面，這種指示並非簡單地動作象喻行為，而是提舉加強乃至具備超越意義的行為。其中包含了一整套的邏輯：宇宙和生命是連續的，人通過一種典型行為將自己還原到了自然的狀態，舉指是具備人文意義的活動，人文性往往意味著有限性，只有自然狀態才能構建出需要的解釋空間。這樣個人通過動作就參與到了宇宙的大化之中，由此，「人與自然之間的界限被超越或突破了，自然的神秘性就能夠在個人生命的盡情揮灑中被體驗到。」〔註161〕這是巫舞的典型邏輯，從上文對興的原始義的考索中，舞蹈所帶來的回環和上增的力量，與興的產生有根本的關聯。這種啟示的方法既不同於古典中包含有的判斷式說教，也非本文化中較為缺少的分別說，是一種非分別說的方法。《莊子·天下篇》曾謂：「……莊周聞其風而悅之，以謬悠之說，荒唐之言，無端涯之辭，時恣縱而不儻，不以觭見之也。以天下為沉濁，不可與莊語，以卮言為曼衍，以重言為真，以寓言為廣。獨與天地精神往來而不敖倪於萬物，不譴是非，以與世俗處。」〔註162〕這就是典型的非分別說。即莊子認為他表達道理時採用的方式不是概念和分析可以概括的，而是一種非分別的呈現。用概念和分析講，只是一種呈現和展示，而非分別說則是一種暗示。莊子的這一路徑在古典文中顯得非常特殊，前方既無開創者，後來能繼承這個路子的人也很少，除了陸象山之外，也只有禪宗的這種啟發式傳教得到了其中三昧。

動作垂示類公案對時機的要求高於言語類，只有動作發生當時具有效果，

〔註161〕 《詩可以興：古代宗教、倫理、哲學與藝術的美學闡釋》，第173頁。
〔註162〕 （清）郭慶藩撰，王孝魚點校《莊子集釋》，北京：中華書局，2013年，第962～963頁。

這就是他們強調的因緣時節，後來的參學者很難從文字中復現啟迪的作用。這種時機因緣有類似藝術形式中節奏的地方，節奏通過高低長短來規定時間的意義，並進而產生抑揚頓挫的藝術感染力，這種感染力可以昇華沉浸在其中的個體的生命價值。公案的垂示具有類似的效果，參禪者被長時間被堅強的疑情所煎熬，突然因為一個指涉性的動作帶來完全新穎的體驗，這是完全可能的。也可以說這一時刻參禪者的生命形式被還原到了一種純粹的狀態，「個體和宇宙合二為一，從而產生所謂的神秘體驗。」〔註163〕一個參禪體驗的發生標誌着一個公案的圓滿，按照宗教的觀點來看，這種圓滿性是不能被重複的。到了宋代禪宗的創造性有所減弱，這個時候他們開始評唱以往的參禪故事，評唱可以將文本的表面內容還原出來，但對於需要參悟的個體來說，沒有成熟的疑情則其效用不強。就俱胝一指禪這個文本來說，也存在這方面的問題。俱胝和尚並沒有被明確記載度脫了一個後學，即一指禪的標誌性大於其適用性。這種情況可能源於他不能對機緣有非常恰當的把握上，長慶和玄沙的對話也從側面印證了這一點，因而當時禪宗內部也多有對其開悟與否的懷疑。對一個疑情尚未成熟的個體，動作垂示的作用非常有限，啟示性的行為都必須要特別的場合與時機才可以發揮作用。還原到俱胝的事例中，如果不擇時機的一指禪能夠導人開悟，那麼童子豎指也應該具有同樣的作用，指頭作為象體的啟示性應該是沒有區別的。舉指這個動作只有作為線索的功能，並不代表任何具體的內容，然而童子卻被認為是僭越不合宜而受到了懲處，這樣文本的邏輯性就出現了瑕疵。關於童子的故事被保存在評唱中，這雖然對公案的完備性構成了挑戰，但是它又有維護禪宗內部等級系統的功能，即它反映了宗派內部對解釋權力的獨佔。這種威權力被壟斷在少數僧侶手中，一方面保證了高等級僧侶在教派中的話語權力，另一方面也吃為了宗派的穩定性。

從公案創作者的角度來分析動作垂示的「興」意，可以看到其中最關鍵的環節是高僧對因緣時節的把握，這是啟發有效性的保障。若從接受者的角度來看，公案的指示系統又呈現另一種全新的局面。高僧的垂示能提供興起的契機，然而契機的彈發卻對參學者的素質有特別的要求，即堅定的信念和相當的佛學修養。當這兩種條件具備之後，公案通過鬆散的文本結構所產生的張力，會蛻變為一種隱喻的系統，參學者遍可通過想像、聯想等手段，由彈發的契機帶領進入一個感性先驗的世界。進入這個世界之後，語言作為概念的外殼被打

〔註163〕（清）郭慶藩撰，王孝魚點校《莊子集釋》，第175頁。

破了，也就達到了禪宗所宣稱的以心印心的狀態。作為一種文學文本，公案是成功的實踐，因為興的緣故它具備詩的氣質，其語言儉省意蘊悠長處有時候還在純詩文本之上。因而對公案的參修與閱讀，會使人產生一種審美的愉悅感。可惜這些文本的宗教性卻並非都很出色，「興」語雖然能將人舉起至一意蘊世界，但其指向卻並非始終都是廣大悉備的全體，這也正是禪宗對因緣時節特別強調的緣故。這一點也可以從具備典型「興」語的詩詞中得到印證，如吳公子季扎觀樂時的評價有「勤而不怨」「憂而不困」「思而不懼」等，這裡描述的是「興」語所帶動的審美情緒的變化。這裏的意蘊並不指向天人合一的狀態，更多的是季札對音樂的深刻領悟。回到公案本身，既然有一部分公案系統暗示的境界不能指向廣大悉備的道體，那麼文本就需要服從於統一的宗教目標，這樣它才在傳法上有自身的意義，否則只能作為一種消遣的材料。禪宗作為佛教的一個支派，它將自我的覺悟作為最大的特色，大多數公案也正圍繞這一主旨展開。對於少數不能服從於這個要求的公安文本來說，其雖然可能也具備興的隱喻特徵，可惜內裡蘊含的情緒或者意蘊顯得相對分散。處理這種不受控制的公案文本，禪僧採用了評唱的手段來進行校正，許多高僧的頌唱確實可以為公案增色添彩，並使其回歸到宗教解脫性的正途上來。然而也有一些唱導為了烘托神祕的氣氛而閃爍其詞，對指向性本就不明確的文本來說，這只能起到相反的作用。俱胝一指禪中的評唱就險險如此。有一類全以文學性為追求，所謂的極鋒像聰明人的炫技而多過啟發。此外還有公案並不以講解脫之道為追求，而是反復的說明言語本身的性質，或者專以宣揚宗風之類的技術性問題為主，這又是另一種途徑。如慧超問佛一則：

> 舉僧問法眼：「慧超諮和尚，如何是佛？」法眼云：「汝是慧
> 超。」〔註164〕

這則公案大致講解了自性具足的思想，一個人能可以通過自悟而得到解脫之類的意思。雪竇的頌古採用了詩句的形式，語言閃爍其詞，看上去絲毫不相干。

> 江國春風浪不起，鷓鴣啼在深花裡。三級浪高魚化龍，癡人猶
> 舁夜塘水。〔註165〕

克勤對這個頌古有些評唱，諸如「盡大地哪裏得這消息」「又被風吹別調中」

〔註164〕《大正藏》冊 48 頁 147 上欄。
〔註165〕《大正藏》冊 48 頁 147 上欄。

等，這些評唱是用來解釋公案和頌古的，然而若不能聯繫後文，則效果適得其反，讀者對更加的莫名巧妙。此着意經營的解經方式對公案的認識並沒有幫助，禪宗要求人不能從字面上去守株待兔的理解，可是這種炫惑的解釋文本卻將會佔據讀者大量的精力，破齊枷鎖的同時又帶上了新的枷鎖。這則公案的評唱較長，請以為例：

> 法眼禪師有啐啄同時底機，具啐啄同時底用，方能如此答話。所謂超聲越色，得大自在，縱奪臨時，殺活在我，不妨奇特。然而此個公案諸方商量者，多作情解會者不少。不知古人凡垂示一言半句，如擊石火，似閃電光，直下撥開一條正路。後人只管去言句上作解會，道「慧超便是佛，所以法眼恁麼答」。有者道：「大似騎牛克牛。」有者道：「問處便是。有什麼交涉？」若恁麼會去，不惟辜負自己，亦乃深屈古人。若要見他全機，除非是一棒打不回頭底漢，牙如劍樹，口似血盆，向言外知歸，方有多少分相應。若一一作情解，盡大地是滅胡種族底漢。只如超禪客，於此悟去，也是他尋常管帶參究，所以一言之下，如桶底脫相似。只如則監院，在法眼會中，也不曾參請入室。一日，法眼問云：「則監院，何不來入室？」則云：「和尚豈不知，某甲於青林處有個入頭。」法眼云：「汝試為我舉看。」則云：「某甲問：『如何是佛？林云：『丙丁童子來求火。』」法眼云：「好語。恐你錯會，可更說看。」則云：「丙丁屬火，以火求火，如某甲是佛，更去覓佛。」法眼云：「監院果然錯會了也。」則不憤，便起單渡江去。法眼云：「此人若回，可救，若不回，救不得也。」則到中路，自忖云：「他是五百人善知識，豈可賺我耶？」遂回再參，法眼云：「你但問我，我為你答。」則便問：「如何是佛？」法眼云：「丙丁童子來求火。」則於言下大悟。如今有老只管瞠眼作解會，所謂彼既無瘡，勿傷之地。這般公案，久參者一舉便知落處。法眼下謂之箭鋒相拄，更不用五位君臣、四料簡。直論箭鋒相拄，是他家風，如此一句下便見，當陽便透。若向句下尋思，卒摸索不著。法眼出世，有五百眾，是時佛法大興，時韶國師久依疏山，自謂得旨，乃集疏山平生文字頂相，領眾行腳到法眼會下。他亦不去入室，只令參徒隨眾入室。一日，法眼升座，有僧問：「如何是曹源一滴水？」法眼云：「是曹源一滴水。」其僧惘然而退。韶在眾聞之，

　　忽然大悟，後出世承嗣法眼，有頌呈云：「通玄峰頂，不是人間。心
外無法滿目青山。」法眼印云：「只這一頌，可繼吾宗。子後有王侯
敬重，吾不如汝。」看他古人恁麼悟去，是什麼道理？不可只教山
僧說，須是自己二六時中，打辨精神，似恁麼與他承當，他日向十
字街頭，垂手為人，也不為難事。所以僧問法眼：「如何是佛？」法
眼云：「汝是慧超。」有甚相辜負處？不見雲門道：「舉不顧，即差
互。似思量，何劫悟？」雪竇後面頌得，不妨顯赫。〔註166〕

這段評唱相對而言比較清晰，也將有關慧超問佛這個公案本身，以及雪竇頌古
中包含的聚訟做了總結陳詞，有一言定鼎的意味。評唱「不厭其煩的介紹了法
眼宗的宗風」，並「批駁了禪門對這則公案的各種誤解」〔註167〕。這裏辨明的
禪理是不需要擬議而從文字上去追求意義，然而通過奪人眼球的言語悖論來
教人離開言語的糾葛，這顯得有些南轅北轍。並且他認為以往的禪師對公案的
解釋是錯誤的，這隱含他自己的說法纔是正確的前提，正確的看法本來就包含
了解釋的確定性，這與不從言語中尋求真相的說法矛盾。總之，公案乃禪宗從
「興」的手法啟發中得到的不分別說，又不求助於盛言量的傳法手段，它具有
獨特的內蘊機制。而對它的評唱、頌古等都是限定性的，這種限定性就是分別
說，它只能是一個線索一個引路，因而照道理本身如實的看，它是片面的。因
此，不論是文學性的炫惑，或者是技術性的修辭，對作為神聖解脫文本的公案
來說，在指導後學的作用上都只能被認為是不究竟的。

　　上文反復說明從禪詩到公案，這些文本都有意識的應用了「興」的手法。
這裡的「興」被發展成了哲學上的不分別說，這種方法極為高明，當然不可以
固有陳說即「先言他物以引起所詠之物」方之。「興」的原始義的規定截然的
將興句與後文割裂開，遂使其成為了叶韻的囈語，這是一種淺顯的看法。「興」
語不僅與全文息息相關，而且主導了文章的情感、意蘊，並由此開啟了不待言
說的詩質世界。文字禪中的「興」句常常為一篇之樞機，藉助它可以生成一個
意義完備的空間。大多公案在形式上只具有「興」的起句，後部承接的內容要
麼無直接關係，要麼直接缺失。這時候「興」句所造就的契機就成為參學者的
悟入鎖匙，同時也產生了宗教上的神秘意義。

　　「興」的應用又非僅止於文本的框架。公案的內容大都是對高僧接引手段

〔註166〕《大正藏》冊48頁147上欄。
〔註167〕周裕鍇著《禪宗語言》，上海：復旦大學出版社，2017年，第133～134頁。

的記述，若相信其為信史則這些看似風馬牛的對話以及棒喝斬貓繞床等行為，
都是曾經發生過的事情。既然文本包含了「興」的體式，那麼這些行為當然可
以視作「興」（即隱喻融合等）手段的落實。然而「興」畢竟為一高妙莫測的
傳法技巧，若庸手則只能適得其反，起到畫虎不成反類犬的作用，所以禪宗渡
人經常強調作手、先導、「殺人刀」「活人劍」的作用，乃至有雲門三句的說法。
先期的默照禪亦可歸為「興」的先聲，不過「興」物變為更難以捉摸的眼神、
笑語等，跡異而心同。無論是理性較強還是迷信色彩濃厚的教派，宗教徒都有
追求神秘體驗的偏執，「興」雖然後來在人文的環境中具備了以托物見意和取
譬連類為要義的知識功能，但它終究是從原初巫術中生長出來的，原始人通過
歡舞旋遊和歡舞上舉來通神祭祀，故而「興」本質中具備的生發和創造的力量
來自於神明的眷顧。其作為文學的表現手段之後，雖然有被狹義化逼仄化的傾
向，但讀者仍然能從興寄意味濃厚的作品中，感到一種意猶未盡的惘然，似乎
詩歌不僅在表現其紙面的含義，而是有一個影影綽綽的世界在其周圍徘徊。這
正是釋家所推重象外懸解，即羚羊掛角、香象渡河的風格。這種啟發性創作性
乃至對平凡世界中詩質的開掘，都有化腐朽為神奇的力量，正合為禪宗以其作
傳法之手段。另外，宋儒尤其是心學這一派別，對禪宗許多法門都有所借鑒，
如陳淳就曾批評陸象山及其門人：「浙江年來象山學甚旺，由其門人有楊袁貴
顯，據要津唱之，不讀書，不窮理，專做打坐功夫。」〔註168〕牟宗三先生指
出陸象山也獲得了莊子後非分別說的方法〔註169〕，因而其教學有類似於公案
的文本產生，陸象山的再傳葉祐之以慈湖（即楊簡）的《絕四記》為參學對象，
曾述其開悟之體驗為

> 得慈湖絕四記讀之，知此心明白廣大，異乎先儒繳繞回曲之說。
> 自是讀書行己，不敢起意。寐中聞更鼓聲而覺，全身流汗，失聲嘆
> 曰：「此非鼓聲，皆本體光明變化。」而目前常若有物。慈湖至吳，
> 先生摳衣求教，一聞慈湖言，其物泯然不見。慈湖之詩曰：「元吉三
> 更非鼓聲，慈湖一夜聽鵝鳴。是同是異難聲說，何慮何思自混成。
> 爐炭幾番來煖熱，天臆一點吐圓明。起來又睹無窮景，水檻澄光萬

〔註168〕（清）黃宗羲著，沈善宏主編《黃宗羲全集》第 5 冊，杭州：浙江古籍出版
社，第 965 頁。

〔註169〕牟宗三著《中國哲學十九講》，貴陽：貴州人民出版社，2019 年，第 298 頁。
牟氏言道：「至於陸象山，在某一方面，走的是非分別的路子，所以朱子說他
是禪，他所說的內容不是禪，所用的方式也不完全是禪。」

里清。〔註170〕

公案中有聞鼓角聲證悟的故事，此記與其絕類，亦可視為宗教冥契之體驗。這種省悟「無非也是心與宇宙合而為一，並超越了時間、空間的證悟。治理學的人多從理性上了解象山『吾心便是宇宙』這些話，這些話並不是不能加以理性的解釋，但我們從陸王心學的神秘體驗傳統來看，必須在理性的了解之外，加以神秘體驗的說明，才更加順理成章。」〔註171〕如此則不僅與公案之文本結構相似，即具備興句的要素（絕思記），同時又有證入之體驗，陳來對這種體驗的描述與上文中對公案的興發體驗的說明不謀而合，亦可作為一證。當然陸象山雖然「也用非分別說的方式」，可是「他不全用非分別說」，因而有時候其方法上會有禪宗的因素存在。〔註172〕

　　禪宗之傳法手段對「興」的運用，迄未見有人發明，此論本關係到古人思維方式的構成，堪稱大哉問。筆者學庸識謭短綆汲深，故以上論述亦多流於散碎，故或有枉下雌黃之嫌疑，僅可作為一管之愚見。

第四節　宋僧史學文獻述略

　　宋代佛教僧侶的史地類著作較多，取得的成績很大。下表以人繫書，搜集了今日尚存的大部分作品。刨除亡佚散而不考的部分，僅就見存者而言，其取得的成就也可以進入到歷朝歷代的前列。

作　者	書　名	卷數及備註
贊寧	宋高僧傳	30 卷
	大宋僧史略	3 卷
祖琇	僧寶正續傳	7 卷
	隆興編年通論	29 卷
惠洪	禪林僧寶傳	30 卷
	林間錄	2 卷
	林間錄後集	1 卷

〔註170〕《黃宗羲全集》第 10 冊，第 2815 頁。
〔註171〕陳來著《有無之境》，北京：三聯書店，2009 年，第 459 頁。
〔註172〕《中國哲學十九講》，第 299 頁。

契嵩	傳法正宗記	9 卷
	傳法正宗定祖圖	1 卷
	傳法正宗論	2 卷
元敬、元復	武林西湖高僧事略	1 卷
戒珠	淨土往生傳	13 卷
行霆	重編諸天傳	2 卷
道原	景德傳燈錄	30 卷
李遵勗	天聖廣燈錄	30 卷
惟白	建中靖國續燈錄	30 卷
悟明	聯燈會要	30 卷
正受	嘉泰普燈錄	30 卷
普濟	五燈會元	20 卷
士衡	天臺九祖傳	1 卷
宗鑒	釋門正統	8 卷（歷經三人之手，方始蕆功。）
志磐	佛祖統紀	54 卷
本覺	釋氏通鑒	12 卷
道誠	釋氏要覽	3 卷
慶老	補禪林僧寶	1 卷
祖秀	華陽宮記事	1 卷
道行	雪堂行拾遺錄	1 卷
道融	叢林盛事	2 卷
曇秀	人天寶鑒	1 卷
圓悟	枯崖漫錄	1 卷
曉瑩	羅湖野錄	2 卷
	雲臥紀譚	2 卷
文瑩	湘山野錄	3 卷
	湘山續錄	1 卷
	玉壺野史	10 卷
延一	廣清涼傳	3 卷
祖詠	大會普覺禪師年譜	1 卷

從編撰過程來看，這些作品有奉敕撰修者，如贊寧之《宋高僧傳》；有孤僧披覽典籍，採諸方事跡一力促成者，如宗鑒之《釋門正統》等；也有僧侶草成藍稿，又經官方學者裁定者，如《景德傳燈錄》等。從作者所屬宗派來看，律宗、禪宗、天臺並有，其中禪宗和天臺又各有分支，故其於宗派譜系與離合，持說多有異同。這些流傳下來的作品皆有其獨特價值，少部分甚至可稱為鴻篇巨製，更有前代從未出現過的一些體裁，這些作品對中國佛教史學的成熟意義重大。然而優點突出的同時，其缺點也很明顯，如一些作者宗派觀念過重，因此對史實的裁斷往往偏頗，更有甚者攻訐之辭亦往往而有。故有必要將宋僧所著史學典籍之總體特點、僧侶之史學觀念略作說明，以為後續研究之助。

一、宋代佛教史學文獻總覽

宋代僧侶著史，對已有固定格式的文體，仍以沿襲其框架為主，間或偶有創格，亦多取法於儒家著史之慣例，《宋高僧傳》即屬於此種類型。僧侶有意識修纂史傳當從慧皎之《高僧傳》起，此前雖亦有作者，但這些書或散亡而不存，或去取率意價值缺缺，待慧皎抗然而起，嚴其選擇，最後勒成了鉅著，他修史採用的體例後來也成了固定的規矩。嗣後又有唐之道宣律師為《續高僧傳》，這本書基本上全方位的效法了慧皎的著作，文獻價值很高。到了五代宋之後能上接此二書者，則必須屬贊寧之《宋高僧傳》。入宋之前贊寧曾任吳越僧統，地位很高，入宋後又被封為右街僧錄，同樣也是中央的僧官。《宋高僧傳》這本書是奉太宗之敕命所作，其精細、廣備處較慧皎、道宣之書有所加強，當然後出者沒有創格的困難，因此加強紀實性就不算太過突出的貢獻。此外此處之較大變化在僧傳之後多綴有平亭，以為蓋棺定論之語，這與《史記》《漢書》等正史的習慣相同。另外其對史料之來源亦不加諱飾，故多於每傳之末尾恆言某某為立碑銘或塔銘，此即傳記所據。而前兩書對出典來源不作說明，這種作法雖然也有修史舊法可供參考，有其合理之處，但是仍然容易滋生疑竇，故贊寧之革新有積極意義。再談平亭之語，前兩書僅在每科之後係以評論，這種評論很少涉及對個人的評價，往往止可作一代僧侶之風尚觀也，贊寧於許多僧傳後都作了論斷，兩者的針對性固不可同日而語也。如《唐新吳百丈山懷海傳》後所系之評論：

> 系曰：自漢傳法，居處不分禪律，是以通禪達法者，皆居一寺中，院有別耳。至乎百丈立制，出意用方便，亦頭陀之流也。矯枉

　　從端，乃簡易之業也。所言「自我作古」。古，故也；故事也。如立

　　事克成，則云自此始也；不成，則云無自立辟。今海公作古，天下

　　隨之者，益多而損少之故也。謚海公為大智，不其然乎？語曰：「利

　　不百，不變格。」將知變斯格，厥利多矣。彌沙塞律有諸，雖非佛

　　制，諸方為清淨者不得不行也。〔註173〕

此論述前有「系曰」，內容為評述性質，對懷海創立的農禪清規有很中肯的評價，雖非佛制不得不行，聊聊數語可作為懷海一生功績之定論。除了這種評價性的言語，書中亦有不同者，如《唐京師聖壽寺恆政傳》：

　　系曰：蜃蛤中胡得菩薩像乎？通曰：有所警發，時一現耳。近

　　聞偽唐李氏國境薦饑，陂湖間多生蠯蚌，百姓競取而食。其年免殍

　　仆者十有七八。明年豐，民猶採之。無何，有獲巨蚌可二尺餘，提

　　歸劈磔、擊瀹，曾無少損。其人咒垂放之，俄自開張，吐出佛像，

　　長僅尺許，相好具全，若真珠色，號曰「珠佛」焉。獻李氏，後遺與

　　梵僧焉。此意所不及處現形者，蓋經中化肉山魚米以資飢饉。歲既

　　豐登，胡不屬厭，故現相止足之也。〔註174〕

這裡的系曰與僧侶本人關係不大，而是記錄了一些神怪相關事情，這些事情大都與本傳僧侶的事功有關。不過作為評論性的格式，這種作法的切題性似乎並不強，因而可以算作又一創格。

　　系曰之後又有通曰，有一類「系曰」以問句煞尾，「通曰」承接而答其所問之外，又會進行一些評論，內容大抵與本文所牽涉有關，或廣其本事以增長見聞，或匡讚評議以為史法。陳垣指出其中的區別為：「申明作者之旨焉，名之曰系。其有答問，則謂之通。系者法張衡賦，通則法白虎通」。〔註175〕宋初的佛教承五代之弊，總體呈現出凋敝、頹喪的狀態，在這種情況下宋太宗下令修纂此書有一些特別的作用，如通過宣揚獎掖彝德高僧的事蹟，以使猥濫之品行能導歸淳正。因此系、通之中往往有教誡之言，斯為其一大特色也。可惜此獎掖之標準與前兩書又有不同，陳垣責其「不提倡高蹈，與慧皎異；又沾染五代時鄉愿習氣，以媚俗為當，故持論與道宣又異。」〔註176〕就方外群體的特殊性而言，這一點固然是可歎的，然而以僧侶群體當時的生存狀況來說，這又

〔註173〕　《宋高僧傳》，第 216～217 頁。

〔註174〕　《宋高僧傳》，第 242 頁。

〔註175〕　陳垣著《中國佛教史籍概論》，北京：中華書局，1988 年，第 39 頁。

〔註176〕　《中國佛教史籍概論》，第 42 頁。

是可以理解的，援庵此說殊未能發揮義寧所謂同情之理解之義也。慧皎和道宣
修僧傳時，佛教發展的環境都相當優渥，且能與世俗政權保持較為獨立的關
係，這也就保證了優秀僧侶獨立出塵的可能性，因而修傳時沙汰洵俗者就是題
中之義。而到了贊寧的時代，經過了兩次大規模的滅佛運動，僧侶群體的獨立
性，無論從經濟方面還是政治方面來看，都已經完全消失了。再討論諸如「拜
不拜王者」「接不接公卿」等問題，就顯得殊為迂闊了。贊寧為了申明這個問
題，採用了史書中的互見法，多次於僧傳中夾論予以說明，如《唐圭峰草堂寺
宗密傳》：

> 系曰：河東相國之論譔，所謂極其筆矣。然非夫人之為極筆，
> 於他人豈極其筆乎？觀夫影響相隨，未始有異也。影待形起，響隨
> 聲來。有宗密公，公則有裴相國，非相國曷能知密公，相續如環，
> 未嘗告盡，其二公之道如然。則知諦觀法王法，則密公之行甚圓；
> 應以宰官身，則裴相之言可度。今禪宗有不達而譏密不宜講諸教典
> 者，則吾對曰：達磨可不云乎，吾法合了義教。而寡學少知自既不
> 能，且與煩惑相應可不嫉之乎？或有誚密不宜接公卿而屢謁君王
> 者，則吾對曰：教法委在王臣，苟與王臣不接，還能興顯宗教以
> 不？佛言力輪，王臣是歟？今之人情，見近王臣者則非之。曾不知
> 近王臣人之心苟合利名，則謝君之誚也。或止為宗教親近，豈不為
> 大乎？寧免小嫌，嫌之者亦嫉之耳。若了如是義，無可無不可，吁
> 哉！〔註177〕

這裏盛讚了僧侶與達官的交往，並且認為這兩者的集合可以促進佛教的發展，
批判了不接王臣的過時看法，這是一種大膽的嘗試，同時也有導向性的功能。
宋僧之身份取得、旅行自由，乃至衣食住行等等，幾乎都依託於有司，他們已
經成為了附庸的世俗化很嚴重的群體，這在前文中已經有詳細論述，故不接王
侯以高尚其志者，只有作為理想範形的可能。贊寧對這種現象有明確的認識，
並作了充分說明：

> 系曰：夫名以制義，所出無窮，奈何師資踵武，而犯教祖之諱
> 乎？通曰：春秋貴賤不嫌同號也。或曰：滕齊不敵，俱書侯，乃曰
> 不嫌同號。號與名豈得例諸？通曰：號大不嫌，名小豈嫌乎？矧以
> 義宣始為名者，安知弟子成事於南山之門邪？然出家者必也無妨。

一則姓既以華從梵，咸稱釋氏。一則西域無諱，此合從旃。具諱者
周人以事鬼神，夏商無諱明矣。況乎宣師已生兜率，小為天人，大
為菩薩，豈宜以鬼神事之？致令唐初高德勝士，往往止存一字名，
職由諱之極矣。屬今修撰，乃闕文也。乃知真諦無諱，俗諦聞似則
懼。或曰：今沙門姓既為釋，名復不諱，言我不隨俗諦，云何對君
主稱臣？莫西域有否？通曰：姓名不對王者，臣妾表疏合然。昔齊
帝問王儉，遂令對見稱名。自漢至唐肅宗朝，始見稱臣，由此沿而
不革。良以沙門德薄，日就衰微，一往無復矣。又以法委國王，誠
難改作。王謂為是，楷定莫移。故佛言雖非我制，諸方為清淨者，
不得不行也。〔註178〕

此論述可以看作心跡的表露，贊寧清楚地知道要護持佛法，順應世俗權力是唯
一可以選擇的道路，這種認識高度與高談隱遁之道以沽名釣譽者，相去不啻雲
泥。因此《宋高僧傳》對僧侶行止的選擇與評論，雖有不同於前二書者，但這
並不能成為指摘其理由，一則此書乃官修，天然的與隱逸、桀驁之輩不能相合，
再則時勢移易，僧侶之地位身份已大不同於往日，膠柱鼓瑟於事無補。

　　除了沿襲因應之外，宋僧還創造了一些前代未有的修史體例，尤其是燈錄
體和年譜體。道原乃第一個以燈錄名其書體之僧侶，他搜羅了《寶林傳》《玄
門聖胄集》等書中的內容，撰成《禪宗傳燈錄》，於景德元年奉進，後經楊億
等裁定潤色，遂定名為《景德傳燈錄》。此書之創新大略有三處。首先，與前
代史傳（包括它的藍本之一的《祖堂集》）紀行的主張不同，《景德傳燈錄》以
紀言為主，記言原本是中國史傳的常用方法，從許多層面來看它的重要性都要
強過紀事，因而道元的這一創格有必然性。傳燈錄這一體裁記言的初衷前文已
多有論述，它的本質是神聖文本，所記之言語多為開啟後學入道之津梁所用，
故其考量的標準與一般存事類史書不同。楊億在序中提到：「有東吳僧道原
者，冥心禪悅，索隱空宗。披奕世之祖圖，採諸方之語錄。次序其源派，錯綜
其辭句。」〔註179〕所謂採諸方之語錄即謂此。此書前兩卷為七佛及西天二十
七祖，他們的語錄大都來自經、論二藏，去取之標準不定，有與機鋒類似者，
也有單純付囑道統的對話。其紀本土禪宗，以青原諸宗特詳，達到了十三卷之
多，而南嶽之法嗣僅得八卷。所以如此之故，非為道原黨其所親，而是「支派

〔註178〕《宋高僧傳》，第332頁。
〔註179〕《景德傳燈錄》，第1頁。

近，見聞真，史料易於搜集」。〔註180〕除了禪師的語錄之外，也收了包括白居易在內的十七個在家人的偈頌。紀本土禪師語錄之標準，楊億在序文中作了如下交待：

> 竊用探索，匪遑寧居。考其論撰之意。蓋以真空為本。將以述
> 曩聖入道之因。標昔人契理之說。機緣交激。若挂於箭鋒。智藏發
> 光。旁資於鞭影。誘道後學。敷暢玄猷。而捃摭之衆。微引所出。
> 糟粕多在。油素可尋。其有大士示徒。以一音而開演。含靈聳聽。
> 乃千聖之證明。屬概舉之是資。取少分而斯可。若乃別加潤色，失
> 其指歸。既非華竺之殊言。頗近錯雕之傷寶。如此之類悉仍其舊。
> 況又事資紀實。必由於善敘。言以行遠。非可以無文。其有標錄事
> 緣。縷詳軌跡。或辭條之紛糾。或言筌之猥俗。並從刊削。俾之綸
> 貫。至有儒臣居士之問答。爵位姓氏之著明。校歲歷以愆殊。約史
> 籍而差謬。咸用刪去。以資傳信。自非啟投針之玄趣。馳激電之迅
> 機。開示妙明之真心。祖述苦空之深理。即何以契傳燈之喻。施刮
> 膜之功。若乃但述感應之徵符。專敘參遊之轍跡。此已標於僧史。
> 亦奚取於禪詮。聊存世系之名。庶紀師承之自然。而舊錄所載。或掇
> 粗而遺精。別集具存。當尋文而補闕。率加採擷。爰從附益。〔註181〕

楊序詳述了其選言的若干原則，這其中包括了依歸於「真空」的總體要求，以及兩條具體的施行手段，即入道之因、契理之說等。在此基礎上又交代了刊定、刪削的策略，如經過千萬人證實的言語不加改定，照實錄入，而對猥濫夾纏不清，已載於它書，乃至不合史實的，一概削落。這些原則不僅為景德錄所有，後出的公案也基本都遵照執行。可惜這些原則本身有許多不明確之處，比如「千萬人證實」一條很難考證，因此其判斷標準就操作在個人的手中，又加上禪宗思維帶來的鈍性，所以其在燈錄中貫徹的成效基本上只能算作差強人意。

記言與記事的分別，源於上古史官職責的不同，記事暫且不談，就記言來說，從《尚書》到《國語》《國策》，再降至諸子時期遂有百家之言，如《孟子》《荀子》《老子》《莊子》等，這就從史學的進路中發展出了子學，故而佛教採

〔註180〕　《中國佛教史籍概論》，第 94 頁。道原為天臺德韶法嗣，清涼文益之孫，乃
　　　　　法眼宗之正碩，故此書記青原一系特詳。另有邪說曲論以為景德錄之作者非
　　　　　道原，而是湖州鐵觀音院僧拱辰，援庵已考輪其說之無稽，故此不再另做交
　　　　　待。
〔註181〕　《景德傳燈錄》，第 2 頁。

用這一體式，也可算得其所宜。言事的分立實質上是歷史哲學觀念演進的結果，這裡的言語相當於柯林伍德所謂的思想或者內在面，而事則是相應的單純的外在面。造成這一分立狀況的原因既可能是人們邏輯性不夠，記述事情的能力不足〔註182〕，也有可能是言語更能直接了當的表達思想，讀起來更直接明確。這是題外話，景德錄之後陸續又有多種燈錄面世，如李遵勗之《天聖廣燈錄》，雲門宗惟白之《建中靖國續燈錄》，臨濟宗悟明之《聯燈會要》，雲門宗正受之《嘉泰普燈錄》，每本書對《景德錄》所定之體系都有所損益。其中《嘉泰普燈錄》變化最大，增加了帝王公卿及師尼道俗之言，已經在事實上偏離了燈錄的初衷。巧合的是以上五燈均各為三十卷，後經揚歧派普濟刪繁就簡編為《五燈會元》，算是燈錄體之極詣。

年譜是宋代新興的史書體例，其興起後不久即被佛教學習並加以改造，遂成了傳統文化與宗教文化的融合體。今天能見到的最早的佛教年譜是南宋淳熙間祖詠編撰的《大慧普覺禪師年譜》，此書之序跋中均未提及年譜肇造之辭，或因此前已有釋教徒編撰年譜，亦未可知。據後記交待，此譜刊行之後，曾經過宗演一次較大範圍的修訂，「刪入六十餘處」，〔註183〕其所據者為曉瑩之《雲臥紀譚》。然宗演又於修訂版的序跋中交待，其讀祖詠初版時已發現多有誤脫，且每每為其扼腕，既然他清楚祖編有疏漏若此，又何必非讀曉瑩書後才得是正，這些言論的首尾似乎有些矛盾。實質上曉瑩曾致長信於宗演，並在其中指出了年譜的錯誤，這些錯誤大都是由於事實不清引起的，比如有記言但未交待背景信息的，有言語系人時出現錯亂的，如曉瑩信中所指出的：「《譜》中於二十年收四句詩，而不敘其由，但云『皆預讖嶺海之意』。詩曰：『雁回始覺瀟湘遠，石鼓灘頭莫怨天。一住十年秦楚隔，木弓重續舊因緣。』蓋是雪峰聞兄於紹興十二年從衡陽來臨安，見有以西蜀費孝先之術設肆，而為人決休咎，聞因以老師問焉，故有是詩也。衡陽有回雁峰，瀟湘有石鼓灘，而辛酉至庚午移梅陽則十年，或云古以梅木為弓，未詳所出。」〔註184〕這些問題只能算細枝末節，實質上祖永書的價值並不低。那麼為何曉瑩對這本書一直有不同的看法呢？其關鍵的根源可能是曉瑩不滿祖詠對《大慧正續傳》的引用：「又《譜跋》

〔註182〕敘述事情的條理性中隱藏了作者對世界的認知能力，其不僅要求判斷事情發生的先後等問題，更需要對因果性、關聯性有較準確的把握，這一切都需要經過訓練才能得到。

〔註183〕《嘉興大藏經》，臺北：新文豐出版公司，1987年，第1冊第807頁中欄。

〔註184〕《新纂卍續藏》，第86冊第682頁中欄

云：採《正續傳》所不載者，集為《年譜》。及觀《年譜》之所收，盡出《正續傳》，阿得為不載邪？」〔註185〕即曉瑩認為祖永書的史料都來自他的《大慧正續傳》，然而未說明這種情況，他認為是攘奪，這才是爭端的根源。祖詠編此譜裒輯之材料或有來自於《正續傳》者，然而大部分似乎來源於大慧語錄及宗門武庫，這兩本書記錄頗為簡略，這也決定了此譜纂輯的方式很特別，往往一年之中只記錄一則言論，與一般年譜繫事的特徵大相徑庭。如四年甲午條：

> 師二十六歲。一日，湛堂問曰：「你今日鼻孔為什麼無了半邊？」
> 對曰：「寶峰門下。」湛堂曰：「杜撰禪和。」又一日，於粧十王處問
> 曰：「此官人姓什麼？」對曰：「姓梁。」湛堂以手自摩頭曰：「爭奈
> 姓梁底少箇襆頭！」對曰：「頭雖不同，鼻孔彷彿。」湛堂曰：「杜
> 撰禪和。」又一日，問曰：「杲上座！我這裏，禪，你一時理會得；
> 教，你說也說得；教你做拈古、頌古、小參、普說，你也做得，只有
> 一件事不是，你還知麼？」對曰：「什麼事？某甲不知。」湛堂曰：
> 「囝！你欠者一解在。你不得者一解，我在方丈裏與你說時便有禪，
> 纔出方丈便無了；惺惺思量時便有禪，纔睡著時便無了。若如此，
> 如何敵得生死？」對曰：「正是某甲疑處。」〔註186〕

這對話私密性較強，其真偽性難以遽考，故而其用意處要多於紀實處。且從內容上看，大慧年譜雖為龜鑑牒譜，實質上其性質更接近輔教之神聖文本，其內容十之八九為開示迷途之語，甚至記載來往之信件也多與佛法有關。再則此譜所本之大慧語錄由隨侍宗杲多年的蘊聞編就，宗演以曉瑩語而攻蘊聞語，似乎有些太過貴遠而賤近了。宋人編宋僧之年譜，似僅有此本存世，明清以後也有僧人編撰年譜的行為，如性統所編《高峰三山來年譜》，成鷲編《第三代繼席弘化石門和尚年譜》等。總的來看，這一文本形式在佛教的影響不彰，編有年譜的高僧數量不多。這一現象可能與佛教的空觀有關，僧侶往往不注重色身和事功，故而年譜之倫就顯得有些畫蛇添足了。

　　燈錄和年譜的創造之外，宋僧在史學上的另一個成就是編撰佛教通史。燈錄雖也有通史的影子，但僅及一派，且形式與我國固有的史書差距較大，若按照目錄學來看，則當入雜史類。宋代佛教通史有兩部，都由天臺宗僧人編就，

〔註185〕《新纂卍續藏》，第 86 冊 683 頁上欄。
〔註186〕《嘉興藏》，第 42 冊第 794 頁中欄。

分別是宗鑑的《釋門正統》，〔註187〕以及志磐的《佛祖統紀》。這兩部書對正史的效法，不僅表現在文章的組織形式，更表現在史法的運用上。從體例上說，它們都分為本紀、世家、諸志、列傳等部分，這種體例對人物的分類本身就具有評價的意味，因而採用此形式，文本所記錄的人物自然就有了高低的區分。宗鑑在修《釋門正統》立釋迦牟尼和龍樹為本紀，本紀後又附錄了大迦葉、馬鳴等十三位天臺遠祖，天臺東土祖師皆入世家類。《佛祖統紀》稍變體例，將釋迦牟尼，西土二十四祖、東土九祖以至四明知禮都列入了本紀，而將諸祖旁出者列為世家。除了人物係屬的評價之外，文詞中也多寓春秋褒貶之義，而其所貶抑的對象正是當時風頭大盛的禪宗。宗鑑在自序中言道：「釋氏嚴居穴處，身屈者名愈高，位下者道愈肅，四海萬里，孤雲身特，烏論所謂編年者。若門戶頹圮，稱戎侮我，其用遷、固法，其有不獲己者，法雖遷、固，而微顯志晦，懲嚴勸善，未嘗不竊取舊章，此正統之作也。本紀以嚴創制，世家以顯守成，志詳所行之法，以崇能行之侶，諸傳派別川流，載紀嶽立山崎，以耕以戰。誰主誰賓，而能事畢矣。」〔註188〕其用司馬遷、班固之法，乃一種不得已的選擇，體例的不合宜只能作為苦衷忍受下來。宗教史中蹈虛的內容過多，時間、情實往往難以考證，用本紀的編年方法天然就有缺陷；而要克服這種不適應，用班馬之法，據作者自己的看法是他所在的天臺宗遭遇了稱戎侮我的待遇，故不得不採用春秋筆法，以微顯志晦、懲嚴勸善，從而恢復其教門正宗的地位。《釋門正統》之智者世家云：「彼焉知大師豈止禪門達者而已。」〔註189〕此語的針對性極強，很明顯就是他所聲稱的抵禦外侮的作用。又云：「世尊將

〔註187〕 宗鑑乃《釋門正統》蕆功者，此書經三人之手方告完成。《中華天臺學通史》載：「北宋政和年間（1111～1117），吳興天臺門人元穎始撰《天臺宗元錄》100卷，『始自正象統紀，終於教藏目錄』。將其宗門的源流以迄末流，正像之統紀以至教藏的目錄，收攬成書。並把北齊到宋元祐年間的歷代傳承，系以圖表，明其道統。慶元年間（1195～1200），天臺宗居士吳克己增廣《宗元錄》，撰《釋門正統》一書，採用正史的紀傳體，分紀傳、列傳、總論三科，敘述釋門正統，強調天臺宗門在全佛教界的正統性。惜書未成而身已歿，成為未定之稿。嘉定年間（1208～1224），余姚釋景遷（號鏡庵）採取元穎的《天臺宗元錄》及吳克己的《釋門正統》，重加詮次，增補90多人的傳記，撰成《天臺宗源錄》。嘉熙元年（1237），宗鑑抱著修史精神，改編《天臺宗源錄》，並增加篇幅，寫成《釋門正統》8卷。這樣，百年來天臺一宗史傳的撰述，已粗具規模。」見朱封鰲，韋彥鐸著，《中華天臺學通史》，北京：宗教文化出版社，2015年，第253頁。

〔註188〕 《中國佛教經論序跋集記》，第933～934頁。

〔註189〕 《新纂卍續藏》，第75冊第267頁下欄。

入涅槃，宣正法眼藏，分付摩訶迦葉，良以迦葉頭陀第一，能為四眾作依止，可以匡持法藏故也，豈待涅槃會上，重新微笑而受法耶！然名公鉅師，如楊內翰、黃侍讀，皆為其所愚，一則盧阜書石，乃在邪說移人，雖豪傑之士，有所不免。」〔註 190〕天臺與禪宗在各自的教典中互相論說短長，以言語爭勝，這種行為與世間人爭名逐利之手段相若，本不必大驚小怪。且雙方對史料的取捨也往往裁斷由己，對自己不利或者對別人有利的一概削落，而無傳的部分則千方百計的彌縫，以就自己所在宗門的歷史，這兩部書雖號稱效法正史，然而因為這些要素，故其求真求備的趨向，僅可視為一種理想，更多的是對宗教正統的維護慾望。這樣的典冊也自有其價值，比如作者蘊含的褒貶情緒，往往可窺見一時代之思想潮流。至於中土佛教真正的傳承譜系，真實性往往只有象徵的意義，陳垣引韓非子說論其為：「孔子墨子俱道堯舜，而取捨不同，自謂真堯舜，堯舜不復生，將誰使定儒墨之誠乎。」〔註 191〕

　　宋僧另有一類史籍著作，雖然不能歸入上述正規的佛教史文體之中，但也保存了許多叢林見聞、尊宿嘉言等。這些內容不但能夠補足正史之缺，而且其往往更加可靠，因為其所保存的內容大都無關宏旨，即所謂「皆選走盤之遺珠」「誠可以警後學而補宗教」者也。〔註 192〕寫作記錄這些事時，作者的顧慮會比較少，故其亦具有相當的價值，這類著作就是禪林筆記。宋代筆記小說大都有關於僧侶的記載，這可能與當時的風尚有關，而專門記錄叢林故實的卻並不太多，其中名氣較大的比如像惠洪的《林間錄》、曉瑩的《雲臥紀譚》《羅湖野錄》等。以惠洪之《林間錄》為例，謝逸在序中稱其「文優游平易而無艱難險阻之態」〔註 193〕，堪稱允論，惠洪嫻於文字，此書中亦多辭彩秀麗之句，然其失亦在於此。惠洪在編錄此書時，據當時人言他常矜炫其言而忘乎所以，且評價多有不中，如其評價贊寧之《宋高僧傳》「用十科為品流，以義學冠之，已可笑」〔註 194〕，十科品流本為僧傳之常法，其創作並不從贊寧開始，而是

〔註 190〕《釋門正統》中此語雖然專為慧炬之《寶林傳》所發，然而《寶林傳》中大多數史料都被後來的燈錄等所沿用，故其批判的鋒芒事實上已經指向了整個禪宗。其中尤為嚴重的指控乃七佛傳偈以及拈花微笑等事為烏有，這實質上要斷禪宗傳法之根基，可惜宗鑒在編訂自家譜系的時候，也出現了時間難以接續的問題，遂閉目塞聰，以裸裎而指人澡浴，可憾也。

〔註 191〕《中國佛教史籍概論》，第 125 頁。

〔註 192〕《磧砂藏》，第 87 冊 24 頁中欄，第 86 冊 707 頁上欄。

〔註 193〕《新纂卍續藏》，第 87 冊第 245 頁上欄。

〔註 194〕《新纂卍續藏》，第 87 冊第 246 頁中欄。

可以上攀到慧皎，惠洪的這種評價顯得莫名其妙，故胡應麟評價《林間錄》為率不可信。胡氏語似又嫌誇大，其中作為資料的價值還是值得肯定的，就評價的部分來看，胡氏的說法似乎也不算問題。與洪覺范相比，曉瑩的兩種筆記可靠性要高很多，尤其是《雲臥紀譚》，其被用來訂正大慧年譜，雖然也有聚訟的地方，但可以看出其在叢林中的地位。《雲臥紀譚》是根據作者的見聞編就的，分上下卷一共七十六條，每則前都有標題，其中記叢林者十居八九，也有記士大夫逸事的，如蘇軾贊泗州、陳堯佐志墓等。另外曉瑩善於吟詠，故而他在書中保存了許多詩詞偈頌，且舉兩則如下：

> 熙寧間，西湖有僧清順，字怡然，居湖山勝處，往來靈隱、天竺，以偈句陶寫閒中趣味。曰：浪宕閒吟下翠微，更無一法可思惟。有人問我出山意，藜杖頭挑破衲衣。又曰：事事無能一不前，喜歸天竺過殘年。飢餐困臥無餘事，休說壺中別有天。〔註195〕

> 佛印禪師，平居與東坡昆仲過從，必以詩頌為禪悅之樂。住金山時，蘇黃門子由欲謁之，而先寄以頌曰：粗沙施佛佛欣受，怪石供僧僧不嫌。空手遠來還要否？更無一物可增添。佛印即酬以偈云：空手持來放下難，三賢十聖聚頭看。此般供養能歆享，木馬泥牛亦喜歡。〔註196〕

除此之外，曉瑩尚有《羅湖野錄》流傳，與此書大體相類似，而僅在材料來源上有些區別。羅湖一書除記載作者耳聞目見的嘉言懿行之外，尚有訪碑搜簡所得材料，故其史學價值要略高於前者。僧文瑩亦好為筆記小說，其所輯錄之材料多與僧侶無關，且所載神道、行狀、奏議等內容往多與正史牴牾，四庫館臣以為其書價值不高，李慈銘則更進一步論其為：「所記皆宋初及仁宗以前事，雖多關國政，非盡小說，而多傳聞失實，不足取信。其《續錄》中記太祖燭影斧聲事，本涉語怪，以彰道士之神異，全出無稽，不足辨也。」〔註197〕不論其價值如何，這都是宋僧著書之一種，姑存之而已。

二、宋代僧侶史學與世俗史學的觀念比較

以上就宋代佛教史籍所作的梳理比較粗糙，僅可作當時僧侶著史狀況的

〔註195〕《新纂卍續藏》，第 86 冊 665 頁下欄。
〔註196〕《新纂卍續藏》，第 677 頁中欄。
〔註197〕李慈銘《越縵堂讀書記‧雜記‧湘山野錄》，北京：中華書局，2006 年，第 79 頁。

剪影觀，然而在這些有限的展示中，也能看出其與正統史學的差異，這種差異的根源還是要追溯到修史觀念的不同上去。要瞭解宋僧的歷史學觀點，先要討論他們選擇史料的標準。一般來說真實性是修史的第一原則，佛教歷史學家當然清楚這種要求，他們在獲取了大量的材料之後，也要進行甄別和詮選，這一點從他們教派內部不同史藉之間的互相訂正中就可以看出。然而他們對材料刪削和保留的標準卻異於常人，且不論對佛、菩薩、羅漢等聖賢化跡的記載，單以歷代高僧傳中的感通、遺身、興福等諸篇來說，就有許多不可思議的內容。如贊寧之《唐岸禪師傳》中寫道：「（岸禪師）見觀音勢至二菩薩現於空中，持久不滅。岸召境內畫人無能畫者，忽有二人云從西京來欲往五臺，自樂輸工畫菩薩形相續事畢贈縑二綑，忽隱無蹤。」〔註198〕如此類在非宗教徒看來，很難稱得上信史，而佛教史學家卻並不因其具有超越性而擯之不載，其根本原因到底是什麼？福柯在研究學術史演化的時候發現，控制時代和個人知識生產和論述的是知識範形（epistemes），質言之，總的知識範形主導和制約了不同知識種類的世界觀、思考方式和論述方式，且這種知識範形作為組織原則，通常是在人們不自覺的情況下發生作用的。〔註199〕佛教史學家在選擇材料的時候，最主要的考量因素是印證佛教理論，從而傳播教理以引導人歸信，其雖然也有求真的要求，但更注重其理念的真實，而非事件的真實。職是之故，佛教史中多有聖物顯靈、神人感應、因果輪迴等觀念的事跡。

　　真實性之外，人物的去取也是一個艱難的選擇問題。一時代之預流者往往很多，但文本的空間畢竟是有限的，故而去取標準的制定就具有指向性的價值。後代追修前代人物的傳記，很難不受作者本人所在時代和風氣的影響，而且現實的考量很容易成為關鍵的要素之一。禪宗和天臺各自推崇自己的祖師，這種權力話語的角逐就產生是己非人的亂象，這一點在上文提到的作品中多有表現。選人之難不在其學識、人品的判定上，而在其後世門庭的廣狹，宗派權力的高低。真實性和人物選錄兩點構成了佛教歷史的獨特情形，若有一宗教史學家將不能考信的內容削落，對前輩人物僅按照宗教貢獻來作擇取，其所修之宗教史又會是何種情形呢？單就史學這一個面向來看，採用真假相雜的材料以證成某種理論是一種退步的做法，這一情形多存在於原始初民時期的口

〔註198〕《宋高僧傳》，第 423〜424 頁。
〔註199〕Geoff Danaher, Tony Schirato, *Understanding Foucault*, London: SAGE Publications, 2000. pp.16-21.

傳神話中，這是因為「神秘力量永遠被感到無處不有，所以，我們越覺得偶然的事件，在原始人看來則越重要」。〔註200〕長久的文化薰陶和冥想訓練，會使人喪失（或者放棄）對真假判別的能力，而代之以韋伯所提示的信仰能力，不同個體對超自然宗教的信任能力有很大差距，其中信仰能力高的群體會傾向於「全部思辨都本能地對那些最不可解決的問題，對那些最無法進行任何根本性探索的問題，表現出特殊的偏愛」；亦即是欲「探求絕對的知識」。〔註201〕但他們並沒有解決這種問題的手段，故而越來越多的求助於超自然的要素，從而使教徒和非教徒之間產生了認知的巨大鴻溝。因此在佛教徒眼中的信史，而在非教徒看來只能是相反的結果。

佛教史作者對史料的選擇，是在其史學家和宗教徒身份的衝突下做出的，因而凡是能夠依託於聖典的內容都會被收錄，而雖然能考信正史，然而於傳法意義不大者，則視情況收錄。這一總原則的框架下，他們也形成了一些具體的操作策略，這些策略本可以用十科分類體系予以說明，而後人多嫌十科法太過散碎，故也有別出機杼，而別選六種分類的：本跡、感應、神通、業報、末法、正統。〔註202〕這一分類的出發點似與佛教的根本理論——緣起論有關，從本跡到業報是按照事物的生發成熟的順序排列的，後兩者也可以在緣起中找到相關的憑證。不僅在佛教分類法中體現緣起的想法，他們行文論事的時候，也往往有這樣的觀點透露，緣起史觀可能是宋代僧侶編纂史籍的指導原則之一。佛教徒認為事物皆是由眾緣所成，即眾多關係方能促成一事物之發生，歷史上任一事件的發生，不僅僅由社會、經濟、文化等狀況中的一個要素引起，而是諸緣會和而導致。這是一種機械的唯物史觀，對事情之萌芽、發生、發展乃至成熟的方面都有所措意，只有理清頭緒才能完成事件最終的認識，因而其作為史籍纂修的原則最為合宜。緣起論的本質是一種空觀，即事物是由諸多要素構成，這些要素本身不具有自性，而是業因成熟的結果。這樣緣起史觀又可以勾連到業報觀之中，緣起和業報基本上可以概括佛教史學觀念的大半，剩餘的部分惟有正統觀，也就是從古典史學中化出的「尊王攘夷」之變體需要單獨補入。此理以志磐在《佛祖統紀》之「隋文帝開皇十一年條」下的記載最能說明：

〔註200〕〔法〕列維-布留爾著，丁由譯《原始思維》，北京：商務印書館，1985年，第359頁。
〔註201〕〔法〕奧古斯特‧孔德著，黃建華譯《論施政精神》，北京：商務印書館，1996年，第2頁。
〔註202〕宋道發《佛教史觀研究》，北京：宗教文化出版社，2009年，第11頁。

　　世謂煬帝稟戒學慧，而弒父代立。何智者之不知預鑒耶？然能
借闍王之事，以比決之，則此滯自銷。故《觀經疏》釋之，則有二
義：一者事屬前因，由彼宿怨來為父子，故阿闍世此云未生怨。二
者大權現逆，非同俗間惡逆之比。故佛言：闍王昔於毗婆尸佛發菩
提心，未嘗墮於地獄（《涅槃經》云）。又佛為授記，卻後作佛，號
淨身（《闍王受決經》）。又《垂裕記》：闍王未受果而求懺，令無量
人發菩提心。有能熟思此等文意，則知智者之於煬帝，鑒之深矣。
故智者自云：我與晉王深有緣契。今觀其始則護廬山、主玉泉，終
則創國清、保龕壟，而章安結集，十年送供。以是比知，則煬帝之
事，亦應有前因、現逆二者之義。孤山云：菩薩住首楞嚴定者，或
現無道，所以為百王之監也（事見《智者本紀》）。〔註203〕

隋煬帝與阿闍世王並論，既有緣起論的原因，也有業果論的痕跡，此二王都曾
有忤逆之舉，又同時曾施捨教團為大護法，因此志磐以為他們所行善舉、惡舉
都因為曾在無量世前有伏緣，故化現大權現逆又轉歸菩提，此行跡是為了教化
世人。這種評史的論調異於常理，古典歷史學中幾乎不能發現，而志磐卻言之
鑿鑿，從中亦可看出儒佛兩家的異趣。

　　緣起和業報的觀念，除了能解釋具體的歷史事件之外，宋人也有用其說明
世界的來源的嘗試。這在佛教中固然屬於老生常談，而需要特別說明的是，這
兩種觀念被宋僧用以說明歷史的推動力量。眾生業因的積累導致了世界的成
住壞空、社會的興衰罔替，這與矛盾推動說有相似的地方，即善的業因為積極
的力量，而不善的則是一種毀滅的力量，這兩種力量彼此消長，故世界表現出
不同的素質。宋代佛教史學家在具體應用時，對其略有變異，如贊寧在解釋佛
教的法運時，就運用了這樣的思路：

　　　教法興替，得非數乎？數算已定，晷刻弗移。如其會昌之前，舍
利預飛，棗樹先瘁。是知，當替數之強，興數必弱，興不勝其替矣；
大中之興，替不勝其興矣。若不為四相之遷，非係興替之數也。〔註204〕

志磐受到此說的啟發，略變異其詞曰：「夫法運之通塞，數也。人心之好惡，

〔註203〕阿闍世王，為佛在世時中印度摩揭陀國頻婆娑羅王之子，後因弒父之罪而遍
　　　　體生瘡，至佛前懺悔得愈，遂皈依佛陀。佛陀滅度後，成為佛教教團之大護
　　　　法，摩訶迦葉於七葉窟結集經典時，阿闍世王為大施主，供給所需要的一切
　　　　物資器具。
〔註204〕《宋高僧傳》，第456頁。

勢也。勢與數和，佛力不能移也。」〔註205〕然而業力和緣起作為歷史觀念的本質乃是一種虛無主義，佛教不注重現實世界，故而在評價和描述真人實物時，常常呈現出一種灰暗的筆調。這一點在佛教史的寫作中，多表現為對古典史學中預敘法的沿襲，即對事件的結果表現出一種宿命式的無奈。預敘的使用和空觀的影響，也導致了僧尼對歷史的細節不太關心的習慣，既然已有前定的原因，那麼事物發展過程表現出的多樣性，並沒有太大的意義。因此，他們在寫作時常在有限的敘述中夾雜大量的評論，這些評價內容多有裨於教派的傳播及佛理的證明，與事件本身的關係又不太大。如贊寧：「系曰：曲士不可以語道者，束其教也。是故好白者，以黑為污，好黑者，以白為污焉。環怒心尤重，猛利業增，如射箭頃墮在地獄，列高僧品次，起穢以自臭耶。通曰：難信之法易速謗誚，謗誚豈唯一人乎。俾令眾所知識者直陷三塗，乃知順環真顯教菩薩也。況乎趙盾為法受惡，菩薩乃為法亡身，斯何足怪。君不見尼犍外道一一謗佛，而獨使提婆生陷，後於法華會上受記作佛，靜言思之。」〔註206〕佛教史的寫作中有兩種不同的力量在博弈，它們分別來自於宗教想像的世界，和僧侶真正生活的世俗世界，全然採用那一個側重，都會呈現出不完整的形態，不同時代不同的作者，他們的偏重也不一樣，這兩種力量在文本中交織就形成了佛教的史學表現方式。

　　宋代除了僧侶之外，還有一部分士大夫也創作了宗教史籍類的著作，在筆記和叢札之中。他們的作品涉及的主要還是儒佛異同之類的內容。緣起和業果論是佛教僧徒史學寫作的指導原則，而儒家人士所作佛教史的出發點完全是世的俗的。佛教的宗派一直較多，這些宗派早期很少有互相攻擊的現象發生。到了宋代，在經學正統觀念的影響下，禪宗開始有了建設正朔法統的理嘗試，曹洞、臨濟二宗的佛教史學家，不僅認為禪宗為佛教嫡傳，也各自認為他們所在的支派為禪宗正統。為對抗這種風氣，天臺宗同樣也出現了正統的創建，甚至發展到了教派內山內山外的競爭局面。佛教史所擬構的宗派相當於一個譜系表，這是一種不完備的作法，今人顏尚文定義宗派為：「在佛教發展中，經某些教徒根據佛教主要教法，創造出獨特的宗義和修行方法，並且透過講著師承，使此種獨特宗義留傳數代而形成的獨立思想體系或教團。它的兩項不可分

〔註205〕 （宋）志磐著，釋道法、王雷全等校注《佛祖統紀校注》下，上海：上海古籍出版社，2012年，第876頁。
〔註206〕 《宋高僧傳》，第65頁。

離之基本因素是宗義與師承。在宗義師承關係發展中，又產生專宗寺院，組織
制度等重要因素。而派別意識則由隱而顯地貫穿在宗派的獨立體系或教團中，
並且產生宗祖、道統等強烈的爭執。因此，宗派依其發展程度之不同，可區分
為兩種形式：一為學派式宗派，僅宗義與師承關係及微細難查的派別意識之教
義體系。一為教派式宗派，包含宗義、師承體系、專宗寺院、組織制度與強烈
的派別、宗祖、道統意識等因素之教團。」〔註207〕除了宗譜之外，宗義也是
需要考量的因素，宋代的史學著作中對宗義的分辨並不多，這就使得他們對正
統的爭奪變成了一種對譜系的塑造，即由師徒倫理建立的上下權力關係網絡
的塑造。這種網絡除了表明傳承的正當性之外，更進一步也確認了宗派內部權
力的來源問題。正統的駕馭能力不僅來自於祖師的授受，更來自於久遠過去佛
陀的授記，這種授記類似於神的權柄的轉移，若這一譜系是完美的，則其獲得
的權力也同時是不可置疑的，這一點可以看作當時彼此法統攻訐的原因。然而
他們塑造的正統是基於社會的事實，而非教理上的優越性，這固然有牢固的現
實根據，但是與他們解脫的理想似乎有南轅北轍的趨勢。

　　宋代僧侶大量輯錄往昔高僧的嘉言懿行，以從事史傳的編修工作，故其史
學成就較前幾個朝代要高出很多，這是優勝的方面。然而史籍的大量修纂，許
多時候也會被認為是創造力枯竭的表徵，只有當教派不能繼續的創作新的內
容的時候，僧侶纔會轉而總結編訂以往的事蹟。俗世編史的目的是提供殷鑑作
用，而對於教派來說，是訂立新的修行準則，以統轄混亂的權力。宋代不同教
派的僧侶編寫的多樣化史學文本，確實有立定現世準則，搶佔話語權力，並整
合教派力量的初衷，有一些分支也取得了一定的成效，這在前文已經有所提
及。既有此目的存在，則他們編訂歷史的原則，必然不同於正史的標準，其史
觀先有緣起和業果兩種理論作為前提，對事實的去取也往往各有偏重，而非全
部以考信作為原則。當然他們也吸收了儒家的部分作法，最關鍵的就是春秋筆
法，禪宗尤其如此，故而其文本很難稱得上歷史範疇，而更像是神聖範疇的產
物，以燈錄教導後輩的想法正是其明證。佛教史學的這種實踐也有其好處，沒
有成規成法作為束縛，僧侶可以大膽的發揮創造能力，因此對新型史籍編纂的
範例多有探索，如燈錄體、譜牒體的實踐，且緣起論所具備的機械唯物主義趨
向，作為一種歷史哲學的方法，對提高認識事物發展的本質也有所助益，這一
點雖然本來就包含在了佛教理論之中，但只有將其運用在編史實踐中時，才真

〔註207〕顏尚文著《隋唐佛教宗派研究》，臺北：新文豐出版公司，1980年，第9頁。

正能夠發揮其利器的作用。總體來看，宋代佛教史學有多方面的意義，豐富了宗教史的寫作樣式，作為神聖文本其輔教的功能不容小覷，同時又提供了以緣起論為核心的史觀，擴展了歷史哲學的內涵。

第五節　結論

　　宋代僧侶在文化建設方面取得了較高的成就，可分文學與史學兩途予以具體說明。文學方面，禪宗興起之後，帶來了一種自然、靈動的審美範形，為配合實現這一藝術效果的表達，僧侶們採用了特殊的語彙及技巧作為輔助。特殊語彙的開發既有待於佛典文獻深度利用，也需要對已有物象賦予新意，鏡花水月之類即他們着眼的首選，這種有限性使得作品往往會被批評為蔬筍氣。真正的創舉來自於他們對「興」這一文學技巧的發揮，「興」產生於原始巫術儺舞和詛祝的實踐之中，具有上舉的意味，它效用的發生有待於詩性智慧的開掘。公案的本質要求它傳遞閃爍和隱晦的意義，這正符合興以言他物引起所詠的要求，這種相遇具有必然性。然而僧尼在公案及文學乃至傳法手段中，對興的使用經常是不自知的，他們採用迴旋上舉的思路來創作、傳法，這是本質上的應和。

　　史學方面，宋代被認為是佛教創作力趨於平緩的時期，當時僧侶在細化佛教理論的同時，開始着手輯錄前代高僧的嘉言懿行，並以其作為確立宗派正統的後援。不同派別的史學中表現出了互相排擯的現象，這是在正名的需要下做出的選擇。宋代僧侶採用多種體裁來編撰史籍，包括燈錄、牒譜、通史等，多種體裁的使用可以看成當時宗教史學的創舉。佛教的史學家在史料去取原則、史學觀念等方面，均表現出了異於正統史學的特徵。他們採用緣起等觀念來解釋事件的發生、發展，包含了濃厚的前定意味，因而史學文本上常常有宿命論的色彩。雖然不能完全符合正史的修纂觀念，但在客觀上這種方法豐富了宗教史的寫作模式。

第四章　宋代佛教領袖的世俗化

　　宋代寺院的領袖一般都被稱為寺主、院主、庵主等，文本中也有以住持、長老、主僧等稱呼替代的，這基本上沿襲了以往的習慣。然而這一群體所遭遇的環境以及形式有了很大的變化，政治、經濟暨由此而勾連的權力分配等情況，均與前代都有所不同，他們的應對策略也因此千變萬化，這就造成了社會對此群體的評價有了複雜化的趨勢。契嵩在他的《鐔津集》中言道：

> 　　住持也者，謂藉人持其法，使之永住而不泯也。……昔靈山住
> 持，以大迦葉統之；竹林住持，以身子尸之；故聖人之教盛，聖人
> 之法長存。聖人既隱，其世數相去，茫然久乎。吾人徼倖，乃以住
> 持名之，勢之，利之，天下相習，沓焉紛然，幾乎成風成俗也。聖
> 人不復出，其孰為之正？外衛者不視不擇，欲吾聖人之風不衰望聖
> 人之法益昌，不可得也。悲夫，吾何望也！〔註1〕

這篇文章中契嵩表現出了一種失望的情緒，認為當時的寺主大都是名利之徒。一般這種全稱判斷的結論都不太可靠，且這一整體論述中本身也包含了許多不能自圓其說的地方。佛教本來教人放棄對物質和名望的追求，如果僧侶行止有偏，像契嵩所言一般利慾薰心，那麼他們為何會被選擇出來成為寺主？教義和行止不容有如此大的反差！為了追究相關涉問題的真相，並藉此還原此群體的面貌，特論之如下。

〔註 1〕《大正藏》，第 52 冊第 658 頁中欄。

第一節　文獻所見寺主選拔程序發覆

　　宋代的寺主選拔程序稍嫌複雜，不但宗門與教門有所區別，組織方式不同的寺院也不盡相同。且僅從禪宗的寺院談起，以考察宋代寺主的選拔及任命之程序，禪宗當時所享有的社會地位及佔據的宗教資源較多故。周叔迦在《法苑叢談》中寫道：「到了宋代，（寺主）由當地州官和群眾備文邀請」〔註2〕，此語經常被轉引以說明寺院住持制度的變遷，嚴格說來這句話有一些問題。經邀約而擔任寺主僅是十方制寺院的情形，雖然宋代佛教寺院組織方式變化的整體趨勢是甲乙向十方，但是甲乙子孫廟並未全部淘汰，據劉長東估算大約還有百分之十左右的寺院最終仍然是甲乙制的組織方式。這些寺院的寺主由內部繼承產生，部分甲乙廟規定上代寺主只能收一個徒弟，以便降低因為徒弟過多而引發的爭奪權力事件發生的概率。十方制接引十方僧侶，相當於一個簡單的社群，自然不能採用繼承的制度，那麼其具體的情況如何呢？

　　分析一般情形之前，我們先討論下特殊的寺院——功德墳寺，即家廟的狀況。按理說家廟的所有者應當具有充分的權力來決定寺主人選，因為這個寺廟的歸屬權在他的手中，可是這其中仍然存在一個麻煩的問題，功德墳寺亦可分甲乙與十方兩種〔註3〕。這兩種制度本來都有自己選拔寺主的方式，此情形與家廟所有者決定的方式存在一些牴牾之處。繼承和選舉都會傷害到墳寺擁有者的利益，歸根結底，這是所有權和經營權兩種力量的衝突。墳寺的擁有者與僧尼的關係乃是一種「近乎主僕關係的隸屬關係」，這種關係在古代是一種「法定」關係。〔註4〕人身依附關係決定了墳寺擁有者具有優先的權力，即所有者可以對寺主的人選產生決定性的作用。如范祖禹記文彥博家廟住持的選拔情形：

　　　　龍門距洛城十五里，其西山有浮屠祠，曰勝善，興於唐開元而
　　　　壞於五代，迄本朝太平百餘年，諸祠稍復葺，而勝善尤古，未能興
　　　　之事之，與弊存乎其人。藥察者，太尉潞國文公之所建也。公閔下
　　　　民之疾苦，而不得其療者，思有以濟之，相其地得勝善祠之下方，

〔註2〕周叔迦編《法苑叢談》，北京：中國佛教協會，1985年，第19頁。
〔註3〕黃敏枝《宋代佛教社會經濟史論集》：「墳寺的住持制度與一般寺院相同，分甲乙徒弟制和十方住持制兩種」，第249頁。
〔註4〕汪聖鐸《關於宋代功德寺觀的再討論——兼與黃敏枝教授商榷》，載武建國、林文勛、李曉亮主編《李埏教授逝世週年紀念文集》，昆明：雲南大學出版社，2011年，第209頁。

當關塞之厄，水陸之沖、南北之通塗，而行旅之所便也。其山出泉曰真珠泉，公出俸錢命工徒迭石以為址，即泉為藥井而建寮於其上，十有三楹，是歲熙寧六年也。公又以勝善為功德寺，擇僧之知醫者為寮主以長之，出醫書數百卷，家之良藥珍劑貯之寮，和藥之器用備焉。〔註5〕

范氏出資修建了藥寮寺，因而他後來有權力指定知醫者作為寺主。又王安石保寧寺亦同此情形：

公（王安石）大悅，因舍第為寺，以延師（克文）為開山第一祖。又以神宗皇帝問安湯藥之賜崇成之。是謂報寧。歲度僧買莊土以供學者，而自撰請疏，有「獨受正傳力排戲論」之句者，斂師語也。又以其名請於朝，賜紫方袍，號真淨大師。〔註6〕

克文以及知醫者皆由家廟之主選定，與寺院本身的選舉方式無關。這兩則史料敘述過簡，闡明事實雖然足夠，但同時也掩蓋了一些細節。如寺院所有者指定寺主之後，仍需要履行相關行政手續，這些手續主要包括報備、建檔等，這一點在陸游的記載中有所反映：

浙東之郡，會稽為大……有佛刹曰法雲禪寺……初，先楚公為尚書左丞，請於朝，以證慈及法雲為功德院，歲度僧一人……故太傅與楚公祠堂肖像具存。予蜀歸，始言於府，請逐白衣而命契彝者主之。彝與亨俱東陽人，人固已喜，而彝又有器局才智，居之且二十年，創佛殿及像，設費甚厚，談笑而成。重建三門，翼以兩廊，巍然大刹矣。彝沒，予以告府牧尚書葉公，以其弟子道澤繼之……慶元五年秋七月庚午記。〔註7〕

法雲寺之住持經陸游選定而報請政府批准，此報批手續乃純粹的行政化手段，因而只要申請基本都會獲准。總的來看，墳寺的所有者對寺主的選任具有較充分的決定權力〔註8〕。

〔註5〕（宋）范祖禹著《范太史集》，臺北：商務印書館，1983 年文瀾閣四庫全書影印本，卷三六《龍門山勝善寺藥寮記》。

〔註6〕（宋）王安石著，戎默整理《王安石全集·附錄》，上海：復旦大學出版社，2016 年，第 278 頁。

〔註7〕（宋）陸游著，錢仲聯、馬亞中主編，涂小馬校注《陸游全集校注》第 9 冊，杭州：浙江教育出版社，2011 年，第 484～485 頁。

〔註8〕也會偶有例外，因一些尚不明朗的特殊緣故，也有敕差的情形發生。如「王安石熙寧中賜江寧府蔣山太平興國寺為本家功德寺……今……所有蔣山住持僧

　　功德墳寺畢竟不是主流，宋代十方住持制寺院，周叔迦認為其住持經由政府及群眾邀請誕生〔註9〕，梁庚堯於《中國社會史》中指出「宋代十方制寺院的住持由官府派人」〔註10〕。這兩個判斷的方向大致相同，區別在於鄉紳是否在此事上有相當的權力。其實純粹由政府指派的情形並不多，一般只發生在寺院建制已經殘缺的狀況下，此時寺院無力推舉人選，故而由政府出面組織人員的選任，被委派的人帶有振興的使命，政府也會給予一定的支持。當然也會有官府失察而由鄉紳提請的現象發生，如蘇軾曾代人寫狀延請住持：

> 安化軍據霍郎中、陳郎中、褚郎中、宋駕部、傅虞部、喬太傅
> 及莒縣百姓侯方等狀，乞請忻州馬鞍山福壽禪院長老惠梟住持本縣
> 石城院開堂說法者。右伏以山東耆宿，言不足而道有餘；膠西士民，
> 信雖深而悟者少。當有達識，為開群迷。長老梟上人，德宇深醇，
> 慧身清淨。一瓶一缽，本來自在隨緣；萬水千山，所至皆非住處。
> 願體眾心之切，毋辭數舍之遙。翻然肯來，慰此勤想。謹疏。〔註11〕

蘇軾在祈請狀中提及的侯方，當為本地之士紳人物，故疑有一種情況下當地士人會自發延請寺院的主事者，後上呈州府，履行與家廟類似的手續，並表示敬重之義，這都不是常則。鄉紳提請寺主實質上侵犯了政府的權力，因而偶一為之或可，大頻率出現則無太大可能。況且這其中還有僧道司負責相關事宜，政府和僧道司同時失察，可能性很低。

　　政府全權干預寺主選任的情形不為主流，只有三種情況下他們才會果斷地採取這樣的方式。第一主官欲憑藉寺主更迭來斂財或者立威，則寺主之選任牽涉到了賄賂腐敗的問題，必然由政府完全決定；第二寺院經濟頹壞以致產敗人亡，這一情形與生面提到的士紳籲請類似；第三政治上發生了較大變故，致僧侶流離，則寺院亦當由政府牽頭振興。第一種選任方式對教派的聲譽影響較

下兩街僧錄選差前去……」又如「淳熙五年秋，有旨以明州智門僧景蒙住臺州瑞巖寺。先是，參政錢公請為墳院，公既薨，其孫今江東轉運判官象祖以大父治命辭於朝，仍請敕差住持。太傅史魏公再當國，謂蒙可。」

〔註9〕宋代政府採取了一系列的措施來控制甲乙制寺院的規模，最主要者曰敕額，甲乙制非名殺者很難得到賜額的機會，而接受建議變為十方之後，便會有機會獲得賜額的手續，另外甲乙制本身存在一些弊端，導致寺院常住寺產流失較為嚴重，故而到了南宋時這種形式的寺院就很少了。

〔註10〕梁庚堯著《中國社會史》，上海：東方出版中心，2016年，第156頁。

〔註11〕（宋）蘇軾《密州請梟長老疏》，曾棗莊、舒大剛主編《三蘇全書》第15冊，北京：語文出版社，2001年，第512頁。

大，批評宋僧趨炎附勢的事例也大都集中在此。

> 沈公遘治杭，以謂上天竺本觀音大士道場，以聲音懺悔為佛事，
> 非禪那居也，乃請師以教易禪。師至，吳越人爭以檀施歸之，遂鑿
> 山增室，幾至萬礎，重樓杰觀，冠於浙西，學者數倍其故。有禱於
> 大士者，亦鮮弗答。詔名其院曰「靈感觀音」。熙寧初，龍圖祖公
> 無擇在杭，言者或不悅其政，遂起制獄。師以鑄鐘事預逮，居其間
> 泰然，擬《金剛篦》，撰《圓事理說》。居十七年，有僧文捷者，利
> 其富，倚權貴人以動轉運使，奪而有之，遷師於下天竺。師恬不為
> 忤。捷猶不厭，使者復為逐師於潛。逾年而捷敗，事聞朝廷，復以
> 上天竺畀師。捷之在天竺也，吳人不悅，施者不至，巖石草木為之
> 索然。〔註12〕

上天竺寺主之位被文捷夥同轉運使攘奪，新寺主到任後也不思振興，放任官府
剝略常住以至於寺敗，官僧勾結之情實昭然若揭。這種記載在文本中很常見，
可能與僧侶的污名化潮流，及儒家擯佛的動向有關，應該相信這不是當時的主
流狀況。當然宋代佛教經濟發達，寺主經營的產業較多，難免牽涉到財產的處
置分割問題，這在世俗人眼中本身就顯得不合理，因此文人想像式的擬搆也是
存在的現象。只能說這不是主流的狀況，但斷然否認其存在則又不合理，小範
圍內通過舞弊手段攘奪寺主位置的現象應該是存在的。通過賄賂等手段選出
的僧侶大都無心弘法，而僅知聚斂，常住流失也就難以避免，這種違背制度的
情形貽害甚廣。批評的人一直較多，如《枯崖和尚漫錄》載雙衫元禪師的諫言
中提道：

> 近世貨賂公行，求為住持者吾教之罪人。若以例傳，天下之賢
> 者必課藏遠遁而已，其肯出而為師夫，師廢則正法微，正法微則邪
> 法熾。以清淨之門而為利欲交征之地，非國家之福也。譬如家塾黨
> 庠不能無師，不求其能，傳道解惑者為之，而惟賄是視，則弟子何
> 以仰，孔門之教亦幾乎熄。佛老之道何以異是，若謂佛老之徒身居
> 大廈，日享膏腴，不蠶而衣，不耕而食，為世所嫉，然天下之人有
> 無用於世，而坐享膏腴之奉者尤眾，何特僧道。寺觀創立，常住供
> 養，非官與之也，以眾人樂施而與之也，寺觀有田，稅賦尤倍。又

〔註12〕《景印文淵閣四庫全書》第 1112 冊，臺北：臺灣商務印書館，1986 年，第 778
頁。

有非待不時之需，正與大家相似。今既買度牒以錢免丁，又增以錢，
官府無絲毫之給面徒重責其利於無窮，則僧道可謂不幸矣。國家愛
惜名器，泛濫何以勸勵天下？僧道若以賄得金環象簡，得諸處住持，
則囂頑無賴之徒皆以賄進，何以整齊風俗？況寺觀雖多，其常住闕
乏者甚多，縱使此令一行，第能率斂寺觀之大者，其小者亦豈能應
其求？如此則所得能幾。況僧道非能自出己財，求為住持，必將取
之寺觀，師徒相殘，常住必壞，所謂膏腴將見無穢，所謂大廈將見
為丘墟，所謂溫飽將見為凍餒，部雖有牒誰將請之？〔註13〕

諫言中提到的「師徒相殘，常住必壞」的情形，政府早已有所察覺，因而在《敕
修百丈清規》中有專文予以批判：

（十方制住持）始由眾所推，既而命之官，而猶辭聘不赴者，
後則貴鬻豪奪，視若奇貨。然苟非其人，一寺廢蕩，又遺黨於後，
至數十年蔓不可圖，而往往傳其冥報之慘，又不忍聞者，可不戒且
懼乎？〔註14〕

賄賂舞弊畢竟不是一般的狀況，更多情形下吏員基本都能按照選賢的標準操
辦。當寺院面臨敗壞衰落局面時，選任合適的寺主往往能起到振興的作用。十
方選賢的住持僧大都是幹練之才，其本身有能力振興中落的寺院。另外，這些
人大都有廣闊的交遊，這種名望可以取得部分社會資源，也就能獲得更多的布
施和供養，這又是政府籲請時考量的因素之一。陳舜俞在《福嚴禪院記》就記
述了這樣的事情：

甲乙，非道之當也。朝廷之法，緣人情而治人，大約不欲擾動，
而卒要之以公。故制曰：其徒願為十方居者，官聽之。近世稍稍有
請者，公道之勝，而徒之相向也。崇德介餘杭、嘉興之兩間，邑東
北十里，林木蔚然而美者，福嚴院在其下。院始五代乾符之乙未，
邑人鍾離裝置之，地有千乘，因名焉。聖篠重熙，號命丕冒。祥符
始年，改賜今額。歷年雖多，有徒居之，獨廩自宇。皇祐庚寅歲，
主者志洪率其屬僧願為十方。縣為之告於郡，郡謹用朝廷之法，即
許之。其年七月，縣令命僧曰處成主之。成未幾棄去，而縣亦新令

〔註13〕《續藏經》，第壹輯第貳編乙第二十一套第一冊第 91 頁左，原文有誤，已徑
改。
〔註14〕《大正藏》，第 48 冊第 1119 頁中欄。

尹矣，又擇主曰繼式。成式禪者，而皆出於十方，居中論議招納，皆不戾公道，而其徒歸之。人睨其道之勝、而徒之歸如是，而聚亦向，鐘鼓而食，斧斤而居，求於人皆樂然與之，惟恐不及。予居嘉興，小舟及其門，不遠二舍。嘗遊於院之甲乙，時若像而殿，若聚而堂，苔沿甍隙，圮阤不支。後三年，遊於式之時，前之草萊則蘭若矣，前之瓦礫則金碧矣。地非特勝也，人非始尚也，道之公而主之者亦才也。噫！天下之事不獨是，廢興之由未有不繫於公不公、才不才。公道未嘗亡，才固不少，顧擇之舉之之道如何耳？〔註15〕

處成和繼式皆是通過十方選賢擇出的，其程序也符合政策，因而徒眾歸附較多，獲得的布施也非以前可比，則寺院的振興也就不言而喻了。除了經營不善導致寺敗之外，還可能受到外界因素的衝擊而致此種狀況，譬如戰爭、災害等。若寺院衰敗，官方和僧尼都無力提振就只能任由其荒廢，這種情況在北宋南宋之交的戰區發生較多。戰爭的後方因為財政短缺的關係，會對宗教團體加大課稅等攫掠的手段。宋代某些州府就存在這種狀況，官方通過寺主選任收取額外的資財，以用來維護地方和軍隊的開支。雖然有僧正司及寺院的自決制度來轄制官方權力，但這種沒有保障的力量與政府交鋒時往往落於下風，故當地長官插手住持更替事宜，以為斂財之用，僧正司和廟方也沒有太好的牽制辦法。南宋時福建等地的寺主選拔中出現的「助軍」情形就是其例，劉克莊《後村先生大全集》之《明禪師墓志銘》中載：

> 閩多佳剎，而僧尤盛，一剎虛席，群衲動色，或挾書尺、竭衣盂以求之，有司視勢低昂、貲厚薄而畀焉。先輸貲，後給帖，福曰實封，莆曰助軍。〔註16〕

什麼是「實封」「助軍」呢？南宋紹興九年朱倬在他的奏章中曾有談及：

> 臣聞昔偽閩時，以八州之產分三等之制，膏腴者給僧寺道觀，中下者給土著流寓。至其末流，貿易取金，自劉龑始。由是利分私室，士競干求。其後張守遂與士居大夫謀，為實封之說：存留上等四十餘剎以待真僧傳法，余悉為實封，金多者得之。歲入不下七八萬緡，以是助軍兵春冬二衣，餘寬百姓非泛雜科，時實便之。〔註17〕

〔註15〕曾燕主編《嘉禾宋文鈔》，上海：上海古籍出版社，2014 年，第 28 頁。
〔註16〕《全宋文》第 331 冊，第 394 頁。
〔註17〕劉琳、刁忠民、舒大剛等校點《宋會要輯稿》第 11 冊，上海：上海古籍出版社，2014 年，第 6579 頁。

簡言之，就是將寺院分等，名山大殺選聘有聲望的僧侶住持，不從選人中收取額外的費用，且寺產收入亦為本寺處置，這類寺院大約有四十餘座，只能佔到很低的比例。這部分寺院保證佛教的整體面貌，不至於出現全面頹壞的狀況，它們基本上有官方寺廟的性質。其餘所有寺院的寺主都採用競買的辦法，出價高者得之，這是典型的權力尋租行為。若真能按照奏章的說法「助軍」「寬百姓」，也算是一種抑兼併的策略，可惜採取陰私舞弊的制度，欲求一較高尚目標往往不可得。原因有二，一則高價競買者付出的成本往往要在其任職期間收回，這就需要侵害叢林的常住財物，其對寺院的影響也就可以想見了，即所謂「問助軍多寡，未嘗問僧污潔，烏得不壞？」〔註18〕二則官員以贖買為利，各寺院經攫奪之後，其競購價值會大大降低，因此，每年能得到的總價必然也會隨之下降，姑且按照他們的助軍說來討論，這樣越靠後的年份助軍錢缺口會越大。因而為了彌補這種差額，他們必然要採取更多苛刻的手段，比如縮短任職的年限，以往競購者可得十年任期，這一數值越小，競得者掠奪越瘋狂，寺院的敗亡也就越迅速。劉克莊謂：「閩中僧剎千五百區，舊例住持入納，以十年為限，謂之實封，官府科需皆僧任之，不以病民。近以州用不足，減為七年，或五年，甚者不及一歲，托以詞訟數易置，由是困弊。」〔註19〕本來更先進的十方制反而成了敗壞寺產的根源，因而也就有了由十方恢復甲乙的逆流之呼聲：

> 近年以來，僧不以戒行任住持，惟以奔競住持耳。官因常住之多寡，立為租息之定額，利租息之入，開告訐之門。大率常住有千緡之數，則租千緡之半。今日僧請增輸，則乙可攘甲之處，明日訐其小過，則可毀丙之處，是官與僧同盜常住也。某仕於韶，如端溪、英石諸州多所經歷，每到寺院，東倒西傾，未嘗有一榻可臥，一灶可炊者。積弊所由，蓋常住歸於郡守之囊橐，寺院壞於客僧之住持。……乞委本路監司察覺，有常住住持處，只許衣缽相傳，不許客僧夤緣請住。有戾於此，上下同以贓論，庶主僧不致視寺院如傳舍。〔註20〕

十方制本來是更先進的制度，對佛教的振興也起到了很大的貢獻，而當採用贖買的方式之後，十方寺主持來去如風，搜刮常住唯恐不盡，反倒不如甲乙師徒

〔註18〕轉引自黃敏枝《宋代佛教經濟師論集》，第310頁。
〔註19〕《全宋文》第331冊，第131頁。
〔註20〕《景印文淵閣本四庫全書》第1205冊，第277頁下。

能守其道。雖然甲乙有各種弊病,然卻不至於使寺院完全頹壞,這種呼聲中多少有無可奈何的成分在。

上面談到的都是異常的情況,寺主選拔更常見的方式是十方叢林共同選賢,後經由政府核准執行。此形式下政府的裁斷權力依然很大〔註21〕,管理地方僧務的僧正司似有一定的「牽制」力,按照法定程序來看,此牽制力應該比較充足,如《慶元條法事類》卷十五《道釋門‧住持‧令》云:

> 諸十方寺觀住持僧道闕,州委僧正司集十方寺觀主首,選舉有年行學業、眾所推服僧道,次第保明,申州,州審查定差;無,即官選他處為眾所推服人。非顯有罪犯及事故,不得替易。〔註22〕

僧正司組織僧道公選,選出之後報由所在州審定。這是理想或者合法的狀況,然而法條中未包含違反程序的處罰措施,故因地位不對等之類因素的影像,僧正司的權力很難保障。法條有兩處頗可注意,首先僧正司的公選不是必須程序,官府可以直接繞過這一手續,這實質上削弱了僧正司的力量。其次雖然保障了寺主不會被輕易罷免,但對「事故」和「罪犯」未做解釋說明,因而寺主被保障的權力事實上得不到支持。前文提到的十年任期被減為七年、五年乃至一歲,就是這種含混用語引起的麻煩。律令中規定了寺主候選人應當滿足的要求,即「年行、學業眾所推服」,實質上可供以考察的要素僅為年齡一項,年齒不足者不能勝任,其他言語皆不夠清晰,很難作為考察的條件。佛教內部的律藏部分有一些更明確的要求:

> 補處住持,兩班集大眾會議,須擇宗眼明白、德劭年高、行止潔白、堪服眾望者,眾狀保申。須合諸山江湖公選,方為輿論。知事、耆舊毋擅私情,叢林得人,令法久住。若倚財勢,營生結好,冒名進銳,斯道喪矣。名位烏可輕任?〔註23〕

年齡、行止之外又加了僧眾評價的要求,並且明確提出不能倚財仗勢。輿論亦即聲望,內容其實很多,比如禪僧的師承、開悟狀態、話頭語錄的流傳等。律藏的措辭雖比條令精確一些,仍然是道德法的範疇,效用還是不容易保障。要之,州府對寺主更替的決斷權基本上是獨享的,僧正司及其公選制度只能作為

〔註21〕劉長東《宋代佛教政策論稿》:官府「在十方寺的住持承替上有最終決定權。」第 252 頁。
〔註22〕《慶元條法事類》,第 376 頁。
〔註23〕藍吉富主編《禪宗全書》第 82 冊,第 133 頁。

補充的手段。他們選出的人員經由州府任命，州府有時候也會拒絕，如《妙聖院十方記》：「（妙聖院）眾列狀以告於州，願以為十方住持。州下其狀於僧司，使集眾以舉所知，而眾皆以淡交者應州，凡兩上其狀，而始獲請。」〔註24〕寺主的產生是一個關涉甚廣的事件，按照傳世的資料分析，鄉紳、群眾，在普通寺院寺主的揀選中可能有建議的權利，如曾公亮《與神智大師三帖》其二云：「遠勞書示，深荷勤誠。知已被四眾之請，紹嗣廣智道場。江東度門，今知不墜矣。」〔註25〕又余靖《五溪集》之《袁州仰山齊長老壽塔銘》：「慶曆中，仰山虛坐，轉運使齊公廓詢於淄素，以（智齊）師應選。」〔註26〕四眾、淄素等應該包括一些鄉紳之流，他們提請建議實質上和寺院選賢同一性質，這是對十方制寺主決定權的補充。宋代政府保持著一種對社會力量的轄制傾向，其大力推行甲乙改十方的策略，目的就是為了能夠在寺主任命等事宜上擁有裁量權。這是管轄權的問題，接下來討論程序。

禪宗的清規對住持選舉的程序有較清晰的記載：

> 兩序、勤舊就庫司會茶，議請補處住持，仍請江湖名勝大眾公
> 同選舉……然後列名簽狀、保申所司請之。若住持得人，法道尊重，
> 寺門有光，為勤舊知事者，不可以鄉人法眷阿黨傳會，不擇才德，
> 惟從賄賂，致有樹黨徇私，互相攙奪，寺院廢蕩。〔註27〕

與之相應的法律條款前文已有引述：「諸十方寺觀住持僧闕，州委僧道正司，集十方寺觀主首，選舉……」〔註28〕集合兩說可大約復原當時選舉之程序，當寺主位置空缺之後，寺內執事僧侶即監寺、典座等商議人選，待具體人選產生之後報與僧正司，這一點與《慶元條發事類》的記載有些出入，條法中似未有涉及。僧正司組織本處有聲望的僧侶再作選舉，這一次的選舉性質類似觀禮，然後簽押聯保並上承州府，待州府裁斷發還執行。當然如果遇到寺院不振，可能也會出現僧正司或者鄉紳直接推舉的情形，這是特例。寺院有一部分權力較大的僧侶，如都監寺、維那等，他們往往會成為新寺主的有力競爭者。僧正司推舉他們有一些明顯的優點，這些人在寺院中經營多年，勢力較大，由他們接手不容易出現過渡期的麻煩。且頻繁地延請外來者，也容易使寺院滋生傳舍之

〔註24〕《宋元方志叢刊》第 5 冊第 4949 頁。

〔註25〕《全宋文》第 13 冊，第 450 頁。

〔註26〕《全宋文》第 14 冊，第 159 頁。

〔註27〕《大正藏》，第 48 冊第 1130 頁中欄。

〔註28〕《慶元條法事類》，第 376 頁。

弊端〔註 29〕。若寺院人丁不旺，或者沒有能服眾者，則僧正司會出面延請外
人，被請人仍然要通過附近十方寺管主首的選舉，這又是一手續的履行問題。
為示隆重，這種敦請一般都由當地聖流撰寫請疏，陸游之《渭南文集》中此類
文章往往而有，如《雍熙請最老疏》：

> 山陰道中萬壑水，依舊潺湲；雲門寺里一爐香，久成寂寞。忽
> 於旁邑，得此高人。某人立雪飽參，隔江大悟，通威音以前消息，
> 蹋毗盧向上機關。血指汗顏，諸方不供一笑；搏風擊水，萬里始自
> 今朝。豈惟續且庵家傳，更喜得可齋道伴。〔註30〕

此院在會稽縣南，於雍熙二年得賜額，遂以名。此最老生平不詳，推測應為雍
熙院僧，請本院僧為主寺，亦需要專門之請疏，可見此乃程序中不可或缺之一
環。另《光孝請廓老疏》：

> 孤峰頂上，一口吞三世如來；七里瀨邊，只手接十方衲子。既
> 是隨緣自在，便須信手承當。某人號真作家，有大力量。拈起拂子，
> 且與陸大夫同舉宗風；放下缽囊，不妨陳尊宿暫為鄰舍。〔註31〕

延請僧衲之作，蘇長公亦多有，限於篇幅不再枚舉。皇室也會有派遣僧侶的舉
動，即敕差住持，岳珂就曾記載了這一情況：「中興以後，駐蹕浙右，大剎如
徑山、淨慈、靈隱、天竺，宮觀如太一、開元、佑聖，皆降敕札主首。至於遐
陬禪席，如雪峰、南華之屬，亦多用黃牒選補。」〔註32〕被派的寺院一般都是

〔註29〕　唐孫樵《書襄城邑壁》：「蓋當時視他驛為壯，且一歲賓至者不下數百輩……皆
　　　　暮至朝去，寧有顧惜心耶？至如棹舟，則必折蒿，破舷，碎鷁而後止；漁釣，
　　　　則必枯泉，汩泥，盡魚而後止。……由是，日益破碎，不與曩類。」見《全唐
　　　　文》卷七九五，第 3694～3695 頁。這是傳舍的一般情形。《至元嘉禾志》卷二
　　　　二載徐聞時《本覺禪院記》云：「余嘗慨近世大禪剎，號稱領袖，往往視如傳
　　　　舍，佔一席於偏廡，以苟朝夕，顧視囊中貲聚，足以易善地望豐報，而心猿氣
　　　　馬……蓋障不蔽風雨，今仙梵帝樓觀丹青之飾塵煙晦蒙，脫粟蔾莧之供無以
　　　　繼，在在皆然也。」《宋元方志叢刊》第 5 冊第 4581 頁。
〔註30〕　錢仲聯、馬亞中主編，涂小馬校注《陸游全集校注》第 10 冊，杭州：浙江教
　　　　育出版社，2011 年，第 84 頁。同卷有為此院請機老疏，機老乃外來之僧，故
　　　　語氣似略有不同。「諸方到處，只解抱不哭孩兒；好漢出來，須會打無面餺飥。
　　　　舉起一枝拂子，勘破四海禪和。某人心地超然，談鋒儁甚。最初游歷，倒卻門
　　　　前剎竿；末後承當，分付先師缽袋。十年涵養，一旦闡揚。請木上座作先馳，
　　　　拈鐵酸餡施大眾。鯨鐘鼉鼓，無非塗毒家風；蘿月溪云，盡是放翁供養。」見
　　　　第 87 頁。
〔註31〕　《陸游全集校注》，第 87 頁。
〔註32〕　（南宋）岳珂：《愧郯錄》卷一〇《寺觀敕差住持》，廣陵古籍刻印社 1983 年

較大規模者，如五山十剎等官寺，這些僧廟的住持僧已經不再是普通的寺主角色了，他們被納入了帝國的官階之中，乃是官員和宗教身份的合一體，故而在住持五山寺之前，多有於地方寺院主寺的經歷。〔註33〕他們除了管理寺院之外，還需要表率叢林，並且為政府的行為尋求道德的依據。

　　普通寺院經由推舉而產生的人選，僧正司報告給地方官員，規模較小影響不彰的寺主，地方長官可以直接任命，任命後再由地方僧正司將相關檔案送往僧錄司備案。具有較大影響力的寺院，地方主官接到選舉名單，要轉報朝廷，最終決定人選之後，〔註34〕「尚書省發出三份敕牒，分別通知新人住持、寺院和僧正司」，〔註35〕當然亦有不經樞密院、中書門下降宣敕，而直接降中旨任命者，皆不為常則。朝廷發出的任命文書即為「敕黃」，《大慧普覺禪師語錄》載宗杲住持徑山寺時云：「師紹興二十八年正月十日，於明州阿育王山廣利禪寺受請，望闕謝恩訖，拈敕黃示眾。」〔註36〕這裡提到的望闕謝恩並不是閒筆，而是就任儀式中關鍵之一環，表達了帝國對宗教的籠絡，以及宗教人所具有的神權的讓步。新寺主之就任儀式，有明確的指導程序。《叢林校訂清規總要》之《新住持入院》云：

> 若是敕差，候專使，賫捧敕黃。才至，便合謝恩，以香桌、餅爐、燭臺，於佛殿前朝北排設。令以一桌安敕黃，鳴鐘集眾，住持人北面望闕插香，俯首低聲云：今上皇帝聖躬萬歲萬歲萬萬歲，臣僧某，恭奉聖旨住持某寺，臣僧某，上感聖恩下情無任，瞻天望聖，激切屏營之至。眾散，住持回，次第受賀。入院日，於升座前，仍照前禮謝恩。〔註37〕

這種禮儀充滿了對帝國制度的象喻，基本上脫離了佛教儀軌的範疇，乃純粹為

　　　　影印本《筆記小說大觀》第 8 冊，頁 382 上。並參（清）俞樾《茶香室四鈔》卷一九《寺觀敕差住持》，上海古籍出版社 1995 年影印本《續修四庫全書》第 1199 冊，頁 308 下。

〔註33〕王仲堯於其《南宋佛教制度文化研究》中有統計，除宗杲之外，其餘五山寺主均有主政地方寺院的經歷，特出者甚至曾掌寺達到十所之多，見氏著第 340～343 頁。

〔註34〕朝廷中有專門之機構來決定人選，以供皇帝參考，此決定機構在宋代有數次變動，籠統來說北宋大約是開封府官員和宦官之入內供奉官定奪，南宋時一般是開封府指揮僧錄司定奪。

〔註35〕《南宋佛教制度文化研究》，第 218 頁。

〔註36〕《大正藏》，第 47 冊第 833 頁上欄。

〔註37〕《新纂卍續藏》，第 63 冊第 598 頁中欄。

宣揚權力所造就。敕差乃就較大型的寺院或為皇家服務的寺院而言，宋代的敕差寺院分佈在京闕的附近，「北宋的東京有八所」，而到了南宋這種類型的寺院增加較多，「臨安有十所」，另有若干亦位於「臨近京闕的兩浙東西路、江南東西路」。〔註38〕小型的蘭若寺主經過地方官的首肯之後，亦有相關儀式，即所謂的升座或者晉山門。其儀式頗簡略，包括驗篆、演禮以及宣法等，乃一純粹表演式的過程。同時會邀請當地聖流觀禮，以見證其就任的過程，並建立起社會聯繫。寺主的輪替某種程度上類似俗世的喪儀，當舊人離開之後，一個團體的力量會因此而顯出頹勢，這個時候請大量觀禮的人，可以提振威望，並重整族群內部人員的信心。這些程序完結之後，寺院內部亦有相關手續需要履行，最主要者為對常住財務的登記交割，此事需要在都監寺、班首的見證下進行，造冊物件須一一核實，並眾人簽押保留三份，以備將來之查察。日本的禪院還有晉山門的儀式，方丈之中門平時不開，人員出入僅靠側門維持，當新舊方丈交接時，中門洞開，新舊人從其中擦肩而過，表示權力的過渡。這些內外的手續都進行完畢之後，新寺主方可履行權力。

　　官方權力介入到寺主的選任之中，深刻影響了佛教這一社會力量的內部結構，官方的介入帶有規訓的性質，僧侶不能在政府之外尋找更多的權力來源，即表現出官方極力將游離在帝國之外的權力收攏的決心。這種手段在事實上將佛教寺院視作了一種官方機構，沒有獲得派遣資格的小廟隨時都面臨着裁撤的風險，而被敕任的寺主也具有了帝國官員的身份屬性。這是政治層面的考慮，宋代的寺院經營取得了較高的成就，官方通過控制寺主來促進其積累財產的流通，這個行為至少有兩個方面的好處。一消費可以控制佛教的力量，這樣帝國境內不至於出現不受控的經濟團體，另一方面寺院財產的流出不僅可以充實國庫，同樣地也可以促進第三產業的發展，對市面的繁榮有一定的作用。當認識到行政手段的雙重意義之後，僧侶對其背後蘊含的規訓性會有清晰的察覺，他們以一種迎合統治的態度來面對這一切。最重要的是，政府對寺主的介入引起的一系列變化都是世俗性的，也就是通過將神聖權力排斥在外部，

〔註38〕鮑志成著《南宋臨安宗教》，杭州：杭州出版社，2010年，第112～113頁。敕差寺主乃皇室對僧侶之優禮，故其投報之媚禮實質上也合乎其宜。陸游在《老學庵筆記》中載有相關事例：「僧宗昂住會稽能仁寺。有故相寓寺中，已而復相，宗昂被敕住持。郎官馬子約題詩法堂壁間曰：十年衰病臥林泉，鷗鷺群飛競刺天。黃紙除書猶到汝，固知清世不遺賢。」味其詞義，阿諛之外，頗有歆羨藏於其中。

並將寺院拉入到俗世的洪流之中，來完成帝國的全能統治。世俗性加深也就不再是有討論意義的話題，它更多的是一種無奈的事實。

第二節　作為教徒領袖的寺主

　　佛教草創之初，並無所謂僧團領袖的說法，釋迦牟尼是教主，他和合僧侶並不依靠權力，而是個人的威望以及學識。然而這樣的德治狀態受到了提婆達多的挑戰，他想用新的理念來削弱佛陀的地位，從而分裂僧團，這些理念的根源在於戒律不明的問題上。當然他沒有成功，不過這件事給佛陀提了醒，因此他在感覺精力漸漸不支的時候，考慮了繼承者的問題。按照《大般涅槃經》的說法，釋迦牟尼表示不會選定繼承者，他滅度之後僧團要按照三正道的原則行事。但從一些影響力沒有那麼大的經文來看，釋迦牟尼似乎鍾意自己的堂弟，也就是他的侍者阿難來接任僧團領袖。不過阿難資歷太淺，受到了教團中一股守舊力量的排擠，他甚至被剝奪了僧侶的資格，改由影響力更大的大迦葉接掌了僧首的位置。然而因為集結的時候，許多經典都必須由阿難誦出，不久後他又被恢復了僧侶的身份，再加之可能有一部分僧侶決定踐行佛陀的遺志，因此二十年後阿難成了新的領袖。這些歷史隱約其辭的散落在經論中，這也算是早期佛教的一種態度。僧團領袖的主要作用是維持穩定性，穩定與否的關鍵因素是對戒律的取捨，因為能否保有食鹽的問題引發了第一次分裂，投反對票的人離開了團體。僧首似乎因為權力過小而未加干預，到了後來分裂的次數越來越多，以至於興起了部派之佛教。到了中國其情形又有所不同。

　　中國有儒家文化的根基，《易經》之首要原則乃自強不息，這就閉塞了靠行乞為生的道路。不事產業者一般都會被冠以蔑稱，因而鬆散、乞食的僧團制度很難維持下去。正值僧團制本土化的關鍵時期，出現了幾個影響力較大的人物，加快了這一進程，同時也奠定了佛教團體的生存基礎。這些人中以道安和慧遠堪稱翹楚，慧遠雖為道安之弟子，但他們兩人在處理僧團問題上的看法卻有些出入。道安在新野分徒時言道：「今遭凶年，不依國主，則法事難料。」〔註39〕他的這種看法是權衡了形式之後的讜言，扣合了王弼解屯卦的精要：「屯難之世，弱者不能自濟，必依於強，民思其主之時也。故陰爻必先求陽，

〔註39〕湯用彤著《漢魏兩晉南北朝佛教史》，北京：商務印書館，2017 年，第 164 頁。

不召自往；馬雖班如，而猶不廢；不得其主，無所憑也。」〔註40〕這種權變之語實亦為老成之語，為佛法續慧命自有其不可磨滅之功。道安也確實踐行了這種原則，因此先後被苻堅等優禮，而擁有相對和平的機會塑造僧團規矩的雛形，並對講經說法的儀式、六時的食住、經懺結夏安居等都作了具體的規定。然而許是因為身份敏感，他迴避了沙門與政府的關係問題。這個問題延宕到了慧遠時，引發了著名的沙門不敬王者的辯論。太尉桓玄發佈了「沙門應盡敬王者」的詔書，慧遠寫了《沙門不敬王者論》予以辯駁，此前政府內部已有一次辯論，「庾冰輔政，謂沙門應盡敬王者，尚書令何沖等議不應盡敬」，這可能是權力的博弈。桓玄的詔書並非簡單的行政命令，而是頗有力度的質問：「豈有受其德而遺其禮，沾其惠而廢其敬哉？既理所不容，亦情所不安。」〔註41〕慧遠以「求宗不由於順化，故不重運通之資；息患不由於存身，故不貴厚生之益」〔註42〕，他肯定了桓玄的前提，又作出了有力的辯解。這場辯論兩方各有斬獲，但因為當時情勢的緣故，實質上並沒有一個確定的結果。直到慧遠去世五十年後，這個問題才最終被一紙詔書所終結，劉宋大明六年：

> 上使有司奏曰：儒、法枝派，名、墨條分，至於崇親嚴上，厥猷靡爽。唯浮圖為教，反經提傳，拘文蔽道，在末彌扇。夫佛以謙卑自牧，忠虔為道，寧有屈膝四輩而簡禮二親，稽顙者臘而直體萬乘者哉！臣等參議，以為沙門接見，比當盡虔；禮敬之容，依其本俗。九月，戊寅，制沙門致敬人主。及廢帝即位，復舊。〔註43〕

此詔令中雖有對佛教倫理誤解之處，但是其宣敕的屬性使得它不能辯駁，這種政治的壓力，使得中國的僧侶團體最終臣服在了王權下面。

　　上述僧團簡史有關於僧首有兩處可措意，其一原始佛教階段，僧首主要作用乃和合僧團；其二本土化之後，除和合之外，僧侶領袖還要負擔政教關係之維護。越到後世中大型僧侶團體的處境越加艱難，僧尼之結社遂被寺院的框架所束縛，故而伽藍之主便有了往昔僧侶首領的特質，其所擔負之作用，亦可為

〔註40〕《周易注疏》，第53頁。

〔註41〕石峻、樓宇烈、方立天等《中國佛教思想資料選編》第1冊，北京：中華書局，1987年，第103頁。

〔註42〕陸學藝、王處輝主編《中國社會思想史資料選輯‧秦漢魏晉南北朝隋唐》，南寧：廣西人民出版社，2006年，第228頁。

〔註43〕（宋）司馬光等《資治通鑒》，第9冊，北京：中華書局，2011年，第4130頁。

上敘兩端所概括。宋代的具體情形無太大變化，僅這兩件工作的精細處有所加強，且其所佔寺主精力的份額不同而已。那時候百丈清規風行叢林，寺院內部的管理，亦即和合僧團的工作已經走上了正軌，前文已有所論述，而其維持政教關係的方面，卻面臨了新的挑戰。以這兩個方面作為根基，略作討論以窺見這一特殊的異質性群體的生存環境，及由此引發的相關問題，是此處欲採用之研究策略。天水朝有其特殊性的內在品質，這種特質作用在佛教上，最明顯的變化就是往常受人批評的世俗性加深的問題，這一浪潮中寺主作為佛教之代理人，起到了關鍵的作用，有時候是加劇這一進程，有時候又是相反。他在尋求與政府合作的同時，也必須維持其社會關係，這又是政教關係的嶄新一環，需要特加措意。

　　寺主乃僧團領袖「坍縮」而形成的職位，他實質上是歷代僧首形象的縮影延續，從根本上說他承接的還是佛陀的形象。因此，他必須維持僧團的穩定和團結，包括對恪守戒律者的褒獎以及對犯戒者的懲罰。這兩項工作到了宋代已經有了成法可依了，這個時候寺主要監督成法的執行，並保證制度的穩定性。佛教之所以能夠長久的存在下來，主要有賴於一套相對穩定的制度，制度賦予了佛教思想和實踐以連貫性。此外，他還要啟發來學者，讓他們獲得開悟的機緣。我們在前文中已經多次探討有關開悟的問題，然而在這一點上似乎很難得到確鑿的答案，所以這裏我們欲採取個體的視角，再做一些說明。

一、教育者的角色

　　宋代佛教在思想方面的開拓變得遲緩了起來，禪宗僧侶採用了先輩的事例作為新的教學文本，這是一種有益的嘗試，但並不是創造性的。事實上，對話以及問難的方式，是佛教的傳統之一。參與雙方建立了一個知識的流動鏈，即開始的時候知識從老師流向學生，學生的反饋又將一部分內容反饋了回來，這樣形成了一個迴路。這種形式在西方研究者那裡被稱為「monastic language game」（寺院語言），又或者「encounter-dialogues」（遭遇對話），前者帶有貶低的色彩，而後者純粹為一技術化名稱。這種遭遇對話中寺主作為主導的一方，似乎需要盡力塑造一種巨大的存在主義的懷疑，他的手段一般是「incorporates the logic of simultaneous acceptance of negation and affirmation in order to disturb the dualistic tendency imbedded in linguistic structure and one's way of thinking.（融入了否定與偽裝的邏輯，以便擾亂語言和思維中根深蒂固的二元論傾

向）」。〔註44〕以宋代名僧大慧宗杲為例：

> 宋紹興七年，詔住雙徑。一日圓悟訃音至，杲自撰文致祭。即
> 晚小參，舉：「僧問長沙：『南泉遷化向甚處去？』沙曰：『東村作驢，
> 西村作馬。』僧曰：『意旨如何？』沙曰：『要騎便騎，要下便下。』
> 若是徑山即不然，若有僧問：『圓悟先師遷化向甚處去？』向他道：
> 『墮大阿鼻地獄。』『意旨如何？』曰：『饑餐燒銅，渴飲鐵汁。』
> 『還有人救得也無？』曰：『無人救得。』曰：『如何救不得？』曰：
> 『是此老尋常茶飯。』」〔註45〕

理性上的不相關性可以使來學者產生巨大的懷疑，這種懷疑的盡頭就是對自
我對存在的懷疑。一個弟子通過這樣的對話奇跡般的獲得了某種真理，據信此
方式是不可複製的，佛法在師徒間傳遞，並最終建立靈性的共鳴。這樣的傳播，
按照現存的記錄來看，宋代應當發生了數千次。如此龐大的數據體量，顯示出
了禪宗信徒維持該學派活力、穩定和正統性的努力。對寺主也就是大師而言，
當這樣的對話能夠不斷引起功效的時候，他們在宗派內外的聲名都會被加強。
然而我們仔細分析這些對話的本質，會發現他除了引起邏輯混亂之外，似乎意
義不多，當然這可能是由於對話獨佔性的緣故，外人不能參與從而發現真理。
但數千次這樣的啟發對話中都包含異質的真理，似乎也是不可想像的，或者有
一部分僅僅是一種語言的遊戲也未可知。假使能全部拋開神聖性的特質，這些
對話可以作為語言學很好的予料。麥克菲爾（Mcphail）認為其是對「語言徹
底解放的理解」（McPhail evaluates Zen as a "radically emancipatory understanding
of language and life 麥克菲爾將禪宗解釋為對語言和生活的根本解放性理解），
〔註46〕他的意思是在禪宗傳統中運作的是語言本身，而非為了體驗神性所延
伸的部分，這是修辭學本位的理解。二元思維必須具有同一性的立場，然而由
僧首發起的禪宗對話似乎站在了這一原則的對立面，儘管他們採取的仍然是
議論和批判的方式。當然也有完全相反的看法，羅蘭‧巴特就認為禪宗的一切
似乎都是為了停止語言而進行的實踐，禪宗的對話不過是語言的暫停，以抹去
我們內心邏輯法則的統治，從而破壞作為人的本質。（Roland Barthes writes: "All

〔註44〕 Jin Y. Park Zen and Zen Philosophy of Language: A Soteriological Approach, A
　　　　 Journal of Comparative Philosophy June 2002, Vol. I, No. 2, pp. 209-228.
〔註45〕《大正藏》，第50冊第916頁上欄。
〔註46〕 Jin Y. Park Zen and Zen Philosophy of Language: A Soteriological Approach, A
　　　　 Journal of Comparative Philosophy June 2002, Vol. I, No. 2, pp. 209-228.

of Zen...appears as an enormous praxis destined to halt language.., perhaps what Zen calls satori…is no more than a panic suspension of language, the blank which erases in us the reign of the Codes, the breach of that internal recitation which constitutes our person".羅蘭・巴特寫道:「所有的禪宗僧侶……似乎都在試圖停止語言的巨大功能……也許禪宗所謂的話頭……不過是一種語言的恐慌性暫停,這種暫停抹去了我們身上受到編碼系統統治的部分,打破了構成人本質的內部敘述)。〔註47〕羅蘭認為禪宗的語言乃是工具,為喚醒人內心神性所準備的工具,這是主流的看法,也應和了對二元論破棄的理解,雖然也是深刻的說法,卻忽視了許多因素。然而是否有第三種可能呢?

當一個宋代的寺主作為佛陀的化身來教誨他的弟子的時候,他是在履行自己的神聖職責,對教門而言他的教誨往往要追溯到釋迦牟尼宣示的特定教義裏去,跨越時間和空間到達佛陀本人的表述中,才是知識合法性的唯一來源。禪宗則不然,他們的知識通過奇異的對話以及靈性共鳴完成傳遞,並不是一直有權威文本作為支撐。然而質疑其可靠性的人並不多,這很大程度上可以歸因於他們成功的宗教策略,以及開悟者的狀態的宣傳。問題是宣稱開悟的人,他們覺醒的到底是什麼?會不會就是語言本身呢?亦即覺醒包括了對語言的覺醒,而並非從語言中覺醒。對語言的覺醒是一種技能的獲得,而從語言中覺醒則含混而有神祕的意味。這樣的話禪宗修行將被看作是從根本上定位一個人的語感,他覺醒了這種語言就具備了解碼禪宗內部文本的能力。這些文本本來是用一種加密的語言構成的,也就是說當一個僧侶完成覺醒,就是完成了對行業密語的掌握,具備了與以往覺醒者對話的能力。循此理路,語言是形成這一團體的共同性的力量,並且對語感的追求,塑造維持了僧侶們對覺醒可能性的關注。寺主在這個過程中扮演了啟發者的角色,就像他們的原型佛陀那樣。這種應機而用的手段要求指導者有較高的素質,需要根據不同的根器來作出權變,當年佛陀也是這樣講法的,他的方便說法一直被當做教育的典範。佛陀通過巨大的創造力來開示真相,他宣說的法大都是嶄新的,而到了宋代禪宗的寺主這裏,情形又變的不同了。他們這個群體的創造力很難與佛陀比較,那麼他們到底是如何教導,以便後輩能夠啟發對語言的覺醒呢?Jin Y.Park 的看法提供了一種啟發,他認為禪宗祖師主導的對話包含了三種原則:他關注的是

〔註47〕Jin Y. Park Zen and Zen Philosophy of Language: A Soteriological Approach,A Journal of Comparative Philosophy June 2002, Vol. I, No. 2, pp. 209-228.

修行者本人，而非開悟這個事件；他關注的是啟蒙的過程，而非覺醒的目標；話頭號召修行者必須參與其中，而並非閱讀的指導材料〔註48〕。就第一個原則來說，也就是寺主作為開悟的領路人，他的教誨本質並不是指向開悟這個模糊的目標，而是為了寺僧能夠體味禪宗所開示的境界。這裏人作為成全的目標而非手段，因而他開示前賢的高行，傳遞祖師雅緻的語錄，這些境界和話語會給啟蒙者一種前行的動力，這一動力從自勝的焦慮中產生。其更深一層次的意思是學徒必須認識到一種不足的現實，雖然前行者達到了不可思議的狀態，然而自己仍然處於掙扎的道路上。即寺主或曰禪師乃焦慮語言的創造者，而焦慮語言正是後來者的解脫語言。這一點從禪師對「參活句」等的強調上可以直觀地感受到：

> 後道吾到京口，遇夾山上堂。僧問：「如何是法身？」山曰：「法身無相。」曰：「如何是法眼？」山曰：「法眼無瑕。」吾不覺失笑。山便下座，請問：「某甲適來祇對這僧話必有不是，致令上座失笑。望上座不吝慈悲！」吾曰：「和尚一等是出世，未有師在。」山曰：「某甲甚處不是，望為說破。」曰：「某甲終不說，請和尚卻往華亭船子處去。」山曰：「此人如何？」吾曰：「此人上無片瓦，下無卓錐。和尚若去，須易服而往。」山乃散眾束裝，直造華亭。船子才見，便問：「大德住甚麼寺？」山曰：「寺即不住，住即不似。」師曰：「不似，似個甚麼？」山曰：「不是目前法。」師曰：「甚處學得來？」山曰：「非耳目之所到。」師曰：句合頭語，萬劫繫驢橛。」師又問：「垂絲千尺，意在深潭。離鈎三寸，子何不道？」山擬開口，被師一橈打落水中。山才上船，師又曰：「道！道！」山擬開口，師

〔註48〕原文為：「I call this alternative a soteriological approach. From this perspective, Zen language, when the scope is limited to the case of Chinul's huatou meditation, is characterized by the following three aspects, as mentioned earlier. First, its primary concern lies with the practitioner instead of enlightenment per se, which I explain as language of anxiety; second, it focuses on the process of enlightenment rather than on the goal to be achieved, which I call language of interrogation; finally, huatou embodies language of participation as opposed to that of prescription.」翻譯為：我將這種替代方法稱為「神學」神學方法。從這個角度來看，禪宗語言，當範圍侷限在話頭禪的情況下，有三個方面的特點。首先，它主要關注的是修行者而不是開悟本身，我將其解釋為焦慮的語言；其次，它關注的是開悟的過程而不是要達到的目標，我將其稱為審問的語言；最後，話頭體現了參與的語言，而不是規定的語言。見 Jin Y. Park Zen and Zen Philosophy of Language: A Soteriological Approach.

又打，山豁然大悟，乃點頭三下。〔註49〕

這種合乎理路的機械式回答，顯然沒有達到禪宗所預設的完美開悟狀態。道吾作為挑戰者，其輕蔑的失笑刺激了夾山善會，而其拒絕指導的態度，又提醒了後者終極境界超過了他觸手可及的範圍，從而再一次強調了夾山善會未能的現實。〔註50〕總之當一個新手僧侶進入禪宗後，幾乎都會被寺主講法所描繪的境界所震撼，然而他們同時又要求這些經驗不足的人，要參修活句。這其中毫無邏輯及原則可遵循，因而新手僧尼一方面要追求廣大境界，一方面又被活句的戒令束縛，甚至讓他們感覺到能力不足的挫敗感，這時候寺主真正的作用似乎成了焦慮語言的創造者。而對於參學者來說，他們似乎要因此經歷兩重焦慮的壓迫，首先當受到開導或者自行閱讀的時候，這一主體行為要求他們能夠參與進取，與所有已經開悟者的形象合一，這樣才能體會語言的律動。然而他們自己的知覺又不斷提醒，以使他們意識到自己的有限性，這一由知覺內部省察而引起的焦慮，被稱為存在焦慮（ontological anxiety）。另一方面禪宗的教學手段太過高妙，以致於普通人很難掌握其中的關節，因而會長時間處於一種無人指導的焦慮中。對治這種焦慮需要修行者自行解除來自外界的干擾，這些干擾包括雜務、其餘宗派的誘惑等，同時要參破話頭，雖然不能訴諸邏輯的手段，但必須改變既往的思維方式，由物理式的是什麼變為本體論的為什麼，〔註51〕這一挑戰不可謂不大。

寺主關注啟蒙的過程，而非開悟本身這一事實，可以僅從經濟學的角度得出。當一個學徒經歷了數次啟發而不能得道之後，受到指責的會是當事者的根器，而非導師本人，導師會因為誨人不倦的性格受到讚揚。而如果以開悟為目標，那麼只有能夠啟發到數量足夠多的僧侶，才能獲得良好的評價，這是很冒

〔註49〕《五燈會元》上冊，第367頁。

〔註50〕然而夾山善會領受了開悟的資格之後，似乎走上了另一個極端，淪為了徹底的懷疑論者。比如他認為「目睹瞿曇，猶如黃葉，一大藏教是老僧坐具，祖師言旨是破草鞋，寧肯赤腳不著最好」，而在應機對話中他刻意的追求不相關的感覺，然而也幾乎步趨了前輩的路數，這又是一可談可憫之處。

〔註51〕這一論點 Jin Y. Park 之 Zen and Zen Philosophy of Language: A Soteriological Approach 中略有提及，但未展開論述，未防掠美之譏，僅識於此。他言道：The first is ontological anxiety that arises out of the paradox of identity……The second is the lack of practical guidelines in pursuing the path to enlightenment, which produces a double anxiety to the practitioner in Zen tradition.翻譯為：第一個是本體論的焦慮，產生於身份的悖論……第二個是在追求開悟的道路上缺乏實際的指導方針，這對禪宗的修行者造成了雙重焦慮。

險的抉擇。這一過程中作為佛陀化身的寺主作了什麼樣的指導呢？禪宗的教學方法中包含了質疑的成分，這號召了修學者不斷保持對文本的消解能力，從全面的掌握文本到只專注於一個字眼，從這一個字眼上不斷發起追問，隨著用力的加深，全身的疑情都需要被喚起來，成為一種離絕世界的動力，並並最終達到廣大的境界。這一過程可以從高僧的修學經歷中見到，如《雙桂禪燈錄》中記載的密行寂忍禪師的夫子自道：

> 余乃雲南宜良縣人，父姓谷，母時氏。家計貧寒，幼未讀書。
> 一十四歲出家……偶有德海禪客自雞足來，予為安單。吃茶次，語
> 及生死大事，余心喜此言有相為處，遂三更時分把燭至單前作禮，
> 長跪乞垂開導。蒙禪德示我：僧問趙州狗子還有佛性也無，州曰無
> 底公案，勉囑參究。予即不分晝夜參狗子有佛性也無無。如是五載，
> 了無下口。因思雲臺僻處滇南，素無參禪師訓，山中同住者例皆熟
> 習赴應，獨我一人不入群隊，含恥忍詬，陸沉下板，歲月飄忽，一
> 事無成。念所做處，宛如嚼鐵，一則恐非良法，一則恐錯用心，畫
> 虎成狗，取笑他人，不如別求善導，著實修行，庶幾不枉出世做人
> 一番。便將前來參究工夫打底放下，卻往澄江府羅藏山打木魚念佛。
> 後因家師以計誘我下山，至貴州龍里雲臺又住四載。一日遇濟凡禪
> 師，問曰：「密行師每日所行何事？」予曰：「無事可行。」濟曰：
> 「莫道無事好，你胸中分明有一事未了，何妨舉來大家商量。」予
> 被他一言打動心事，只得從直供通，謂：「昔日有一禪德告我參僧問
> 趙州狗子有佛性也無。趙曰無底話頭，刻苦窮究。經於五載，無個
> 入處，便乃一時放下，至今未了。」濟曰：「好個一時放下至今未了。
> 可惜你鏟地不知落處。」予作禮曰：「願垂示誨。」濟劈面掌曰：「鈍
> 置殺人。」予仍不會再求開示。時濟師見我遲鈍，乃蹙蹙而言曰：
> 『參禪參到無可奈何處是得力處，猶如戰士失卻寶刀，雖則赤手以
> 勇健故，不顧利害拍馬直前奪取敵人手中器械，便殺人去。」予於
> 言下忽然見得趙州老子下手處，更不禮謝，將濟師蕎口一摑，推出
> 門外。濟師抖身大笑而去。予爾後日用事之難易應念解釋。是時闡
> 化滇黔尊宿謂予力量過人，皆欲致我於座下。〔註52〕

寂忍經歷了數度嚴重的存在主義懷疑，最終仍是在「無」的喝令下，獲得了開

〔註52〕釋身振編《雙桂禪燈錄》，濟南：山東畫報出版社，2015 年，第 48～49 頁。

悟的狀態。這當然是公案文本的一般形式，但其中對自我的剖析卻極有參考價值。作為講法者的寺主需要在新手僧侶參學的時候，不斷地強化他的懷疑，並最終在適當的時候予以點撥，這似乎有一些神秘主義的傾向，然而真正的參禪就是這個樣子。即看話禪的最終目的是通過參究話頭而獲得開悟，而不是使用對話的整個故事，故事的背景僅僅是為了創造足夠強力的懷疑能量。這就需要公案文本以及開示的話頭比較精簡，這樣日有所損，才能最終達到參一字的功效。了解了這一點，也就同時明白了宋代禪宗大德宗杲對《碧岩錄》這種超文本傾向的著作的毀棄，多出來的文本實質上成為了新的葛藤。《禪林寶訓》中記載了大慧的心跡：「教外別傳之道，至簡至要，初無他說，前輩行之不疑，守之不易。天禧間雪竇以辯博之才，美意變弄求新琢巧，繼汾陽為頌古，籠絡當世學者，宗風由此一變矣。逮宣政間，圓悟又出己意離之為《碧岩集》。彼時邁古淳全之士，如寧道者死心靈源佛鑒諸老，皆莫能回其說。於是新進後生珍重其語，朝誦暮習謂之至學，莫有悟其非者，痛哉。學者之心術壞矣。紹興初，佛日入閩見學者牽之不返，日馳月騖浸漬成弊，即碎其板、辟其說，以至祛迷援溺剔繁撥劇摧邪顯正，特然而振之。衲子稍知其非而不復慕。然非佛日高明遠見乘悲願力救末法之弊，則叢林大有可畏者矣。」〔註53〕即大量經過箋釋的公案，使得投機者可以直接繞過開悟的過程，純粹依靠記誦就獲得禪宗話語技巧的掌握。這是一種機械的方法，然而似乎冒濫者也可以淆亂叢林，從根本上來說這一舉動是對寺主群體的挑戰。這也從側面表明了禪宗覺醒中包含了特殊交流技巧的掌握，否則僅僅通過對經典文本的記誦，完全是不能挑戰開悟這一神聖狀態的地位的。只有當開悟本身就指向了特殊語言技巧的運用，那麼超文本所涵蓋的問答技巧，才會具有實際的意義。大慧宗杲對這一過程洞若觀火，因此才有毀棄《碧岩錄》的行為。同時大量渾水摸魚者的加入，會導致經由師徒法嗣系統建立的權力框架，受到外力的侵襲，這就動搖了禪宗傳承的根基。圓悟集解文本某些層面上看有盜火者的特質，然而現實的情況卻難以容忍這種挑戰的行為。

　　參與話頭的指向性很明確，這是對長久以來的教育方法的乖離。尤其是在

〔註53〕似這樣的言語很多，又如：「近世學語之流，多爭鋒逞口快，以胡說亂道為縱橫，胡喝亂喝為宗旨。一挨一拶，如擊石火，似閃電光，擬議不來，呵呵大笑，謂之機鋒俊快，不落意根。殊不知正是業識弄鬼眼睛，豈非謾人自謾、誤他自誤耶！」

encounter-dialogue 模式中，參與者必須想像自己脫離了當前的狀態，而成為開悟群體的一員，從而參與整個對話的意義構建。當一個新手在指導下變得充滿懷疑精神的時候，他往昔用以表情達物的陳述語氣就會充滿不確定，而成為一種新的疑問的形式。這個時候寺主從說教者變成了新意義生成的驅動者，雙方因此通過疑問來拉近彼此的距離。這與規範模式的對話不同，規範模式要求二者間必須保持距離，才能確定意義的傳達以及互相評價。禪宗的故事中，提問者很難從導師那裡得到確定的回答，當這一事實開始削弱他對被提問者的確定性時，疑問模式就會帶來參與的神聖感。這個時候主體對客體的支配性變弱，到最終疑問與肯定界限也會變得不清晰。這種通過拆解思維約束來參與禪宗公案的方法被眾多僧侶實踐。

　　總之，通過寺主的教誨，每個初學者都處於一種焦慮的狀態，當某一天機緣到來的時候，他們突然獲得了對真相的了知，也就是一種技術化的語感。頓悟的理論基礎當然是眾生所具有的佛性，也就是每個人和佛陀都沒有本體論上的差異，因而突然的了悟只是開啟了內心的鎖鑰。為了達成這樣的效果，禪宗一直在語言上做花樣，通過悖論、反理性、製造焦慮等一系列的方法，來強化它作為頓教的本質。這個過程中作為修行方法的參禪發生了根本性的變化，從持名念佛、安那般那等變成了對語言技術的糾纏，這一切都只是為了頓悟之後，能夠獲得像先輩一樣的語感能力，用非理性知覺的方法來描述事實。這是寺主對內的教導工作，至於其住持寺院日常的冗務，前文已經有所論述，此處不再贅言。

二、佛教代理人

　　寺主作為寺院的第一負責人，其對外的工作較為繁雜。按照處理對象的不同大致可以分為兩類，一類是對政府的方面，另一類是對俗世的方面。換言之，中國的佛教寺院同時代表著兩個互相依賴的現實：一個是本體論的，相信佛陀的力量及其所制定的律法的效力；另一個是處於由各種力量交匯的環境中法會作用的現實。社會力量塑造了帝國，佛教寺院當然會牽涉進複雜的權力系統中。他們與其它社會機構競爭，爭取權力、威望、財富、合法性以及對知識的解釋策略，只有尋求到與政府更多的合作機會，他們才可能佔有一定的優勢。他們具備的先機就是佛教這種哲學模式，及由此生發出的合法化帝國建設中的暴力行為的可能性。從唐代起，寺院機構就在尋求成為政府的合作夥伴，並

以取得儒家那樣的地位為終極目標。佛教所提倡的廣大菩薩行，也就是兼善的倫理，對社會治理有一定的功能。雖然其對總體走向的影響不大，但「可補充社會改造之缺陷，革新社會制度，改良社會組織」〔註54〕，並使組織成員之關係得到圓滿調和。從部分敦煌寫卷中可以看到，短時間內佛教甚至成為了維繫底層民眾社會倫理的主要支柱，敦煌地區有大量寺院牽頭成立的基層會社，就是一種很好的實踐。佛教的業報思想天然地能吸引民眾，其與巫鬼道合流變能成為勸善懲惡的利器，因此所謂小傳統中浸潤的文化底色基本都與佛教有關。當然這種現象不足為訓，中國的古典倫理核心仍然由儒家維繫。

宋代佛教與政府的關係「總體上是呈良性狀態的」，宋初的皇帝改變了前朝的宗教政策，與佛教修好，其目的是「欲以佛教作思想統治、安定北方和取得南方奉佛諸國擁戴的工具，且發揮佛教在外交上的紐帶作用。」〔註55〕因此佛教受到的限制有所減輕，教團的規模和經濟也因此有了較大的改善。這是就政府的方面來考慮，從佛教這一方面看，他們樂於優待的狀態，並從各個層面予以迎合，其間包含了許多被統治的藝術。然而這種和諧並沒有維持多久，宋代中後期，寺院的科賦變得非常沉重，即使有寺產的大型寺院往往也難有盈餘。不論生存狀態良好或者惡劣，作為一種社會力量寺院都在盡力的維持與政府的合作關係，以期望能更多參與社會事物，並取得一定的地位，這項工作就是由以寺主為中堅的佛教經營階層完成。佛教往昔已經取得了一些政府的項目，最主要的就是追薦陣亡的將士，這一舉動的贊助者一般都是官府。如洪适做地方官時曾做水陸法會的疏文：「伏念荊門頃遭厄會，或家屠於劇盜，或命絕於凶年，或柝骸於灶觚鼎耳之旁，或蹀血於車輪馬足之下……凡此遺民，殆非平日竹籬茅舍，常濫燧之相驚，白叟黃童亦四時之有疾。欲求不盡之福，延肅無遮之筵。伏望一切虛空，四維上下，廣大雲之法蔭，同作證明；變甘露之珍饈，率領飽滿。一郡得沾於樂果，三途永脫於迷津，仰冀覺慈，曲垂洞鑒。」〔註56〕官方舉行這樣的法會有一些深層次的考慮。既可以安慰生者以增強其對政府的信任，同時這類橫死之人在古代人的心目中有不祥的屬性，不得其死會使得其成為遊蕩的鬼魂，這類遊蕩的鬼魂因為長久不能獲得祭祀，而有了許多危險的因素。在古人的觀念中這類鬼「相當於人間的流氓、乞丐和其它具有

〔註54〕〔日〕加藤咄堂《社会教化に於け宗教の使命》，《南瀛佛教》第11卷第2號，1933年2月，《文獻集成》第113卷，第260頁。
〔註55〕《佛教政策論稿》，第4頁。
〔註56〕《全宋文》第214冊，第159頁。

危險性的陌生人」。〔註57〕他們會攻擊落單的人，因而政府與佛教合作舉辦追薦的儀式，可以增強社區信心消除恐慌帶來的不確定性。

　　僧尼與政府良好關係的保持，還需要沙汰教團內部的異端。這裡的異端不僅指不能如法踐行戒律的個體，他們的存在本身就會影響僧侶的整體形象，故而開除這些人的僧籍是正本清源的需要，同時也要批判教派中出現的邪教歪理的苗頭。宋代湧現了較多的附佛外道，他們身披緇衣，口誦佛號，與正規的僧人在外觀上幾乎沒有差異。這些外道有「羅教」「先天教」「排教」「白雲菜」等。以白雲菜為例，其由「西京寶應寺僧孔清覺」創立，孔嘗「西京寶應寺僧孔清覺，居杭之白雲菴，依倣佛經立四果十地，分人小兩乘，造論數篇，傳於流俗，從之者稱白雲和上，名其徒曰『白雲菜』。其說專斥禪宗，覺海愚禪師力論其偽，坐流恩州。」〔註58〕《佛祖統紀》中批判此派曰：「白雲之徒幾與白蓮相混，特以無妻子為異耳。人見其晨夕持誦，躬耕自活，為似可敬。然察其愚癡誕言，妄干正道，則識者所當深嫉而力排之也。」〔註59〕這兩則記載中都強調了有識之僧侶排斥此種異說的責任，不過並不能從其中明顯看出這一異端不妥當的地方，若僅改變修行之次第，似不能對教團及社會構成挑戰，故而僧侶的排擠就顯得不可理解。有關白雲菜更具體的記載如下：

> 白雲菜者，徽宗大觀間，西京寶應寺僧孔清覺居杭之白雲菴，立四果十地，造論數篇，教於流俗，亦曰「十地菜」。覺海愚禪師辨之，有司流恩州。嘉泰二年，白雲菴沈智元自稱道民，進狀乞額，臣寮言：「道民者，喫菜事魔，所謂姦民者也，既非僧道童行，自植黨與，千百為群，挾持袄教，聾瞽愚俗，或以修橋砌路斂率民財，創立私菴為逋逃淵藪。乞將智元長流遠地，拆除菴宇，以為傳習魔法之戒。」奏可。〔註60〕

白雲菜最大的問題是它形成了一種可以對抗政府的力量，即所謂的「自植黨羽，千百為群」，至於託名修橋而行斂財之實，這在佛教正統中也並不罕見。真正的忌諱在它所形成的團體游離於政府控制之外，政府不能通過度牒制度來限制其規模，因而他們的活動不受拘束有引起動亂的風險。佛教內部批判這種異端的苗頭，可以看作是維護其合作者的地位，同時也是為國家長治久安

〔註57〕武雅士《神、鬼和祖先》，第 277～279 頁。
〔註58〕《大正藏》第 49 冊，第 419 頁中欄。
〔註59〕《大正藏》第 49 冊，第 419 頁下欄。
〔註60〕《大正藏》第 49 冊，第 474 頁下欄。

計。另外，喫菜事魔這類低物質需求的生活狀態，會使全社會的創造活力下降，
這對坐食階層來說有削弱統治基礎的風險，若社會進入到低物質慾望，統治者
將很難找到可供剝削的對象。與白雲菜密切聯繫的除了佛教之外，還有外來的
祆教。雖然祆在哲學上呈現出光與暗的二元性，但信仰實踐卻表現出一神論的
狀態。一神論對專制社會構成了挑戰，這種信徒多獨斷的精神。他們常以幻彩
之戲來煽惑信徒，這也是政府難以容忍的。

　　追薦亡靈和排摒異端都是與政府合作的措施，類似的行為還有祈雨。祈雨
本來不屬於佛教法事的範疇，從湯禱於桑林開始，傳統禮制中就有祈雨的方
法，此祈雨法後來散入民間，而成為神道巫術之一環。道教亦以壇醮儀式來祈
雨，其神靈譜系複雜難明，故祈禱的對象也多有不同。到了宋代，祈雨成了「最
重要的國家公共儀式」〔註61〕，作為雩祀而被制度化。因此，尋求社會影響力
的佛教也參與了進來。佛教祈雨不從趙宋始，而趙宋時僧尼祈雨活動最為頻
繁，這與龍信仰被其歸化有很大關係。當然也少不了觀音聞聲救苦的本領，這
兩者成為其祈雨的宗教根基所在。佛教進入到這個領域會影響祈雨利益的分
配，因此釋教祈雨法在宋代受到了一定的批評。王柏在其《禱雨札子》中斥道：
「髡緇夷族旋繞廁穢於宣佈教化之庭」，認為其人祈雨乃壞亂禮教的舉動。不
過儘管有各種批評，但「佛教祈雨在當時已有佔主導之勢，」〔註62〕當時的情
形是「一遇水旱，官吏奔走祈禳之不暇，於是五土五稷之壇，誕寘遏僻寂寞之
地」，「水旱凶荒，率詣琳宮梵宇」。〔註63〕這裡提到的「五土五稷之壇」乃於
古有徵的本土壇法，而佛教據稱採用法華法，可能還是為了攀附龍神的信仰，
而實質上步驟和其餘法門大同小異。蘇頌《後苑華景亭開建祈雨道場齋文》言：

> 維元祐五年歲次庚午二月丙申朔二日丁酉，皇帝遣入內內侍省
> 內東頭供奉官管勾後苑譚展等，請僧三七人，於後苑華景亭建祈雨
> 道場。伏以自冬徂春，稍闕滂沱之潤。彼民望歲，深懷惄焉之虞。
> 爰仗佛乘，仰祈神貺。修舉六時之供，導迎四序之和。冀甘澤之霑
> 濡，俾嘉生之茂遂緬惟大覺，昭鑒丹誠。謹言。〔註64〕

〔註61〕光泉主編《吳越佛教》，第7卷，北京：九州出版社，2012年，第80頁。
〔註62〕皮慶生著《宋代民眾祠神信仰研究》，上海：上海古籍出版社，2008年，第201頁。
〔註63〕《景印文淵閣本四庫全書》第1183冊，第459頁。
〔註64〕余冠英、周振甫等編《唐宋八大家全集》下，北京：國際文化出版公司，1997年，第4304頁。

與蘇頌此文相同，東坡也有這類作品，如《後苑瑤津亭開建祈雨道場齋文》：

> 六月徂夏，方金火之爭。三農望秋，乏雷雨之施。嗟人何罪，逢歲之艱。自非妙覺之等慈，孰拯疲民於重困。有嚴禁苑，祇建淨筵。念我憂勞，錫之膏澤。非獨起焦枯於田野，抑將掃疾疫於里閭。嘉與含生，永均介福。〔註65〕

這是祈雨前搭建道場的程序。當法壇建成之後，有關祈雨的具體情形記載很少，應該是念祝之類的儀式。大約情形為：「右仰道場僧眾，逐日依法六時禮佛行道，歌讚法事，轉誦經文。所集勝因，上祝龍天，早降甘雨。務在精虔，不得慢易。」〔註66〕祈雨成功後有用表謝意的齋文，如「伏以祇畏之心，格人天於影響。覺慈之力，反水旱於屈伸。周澤載濡，農田告足。既解蘊隆之患，庶無流潦之虞。仰冀能仁，由垂昭鑒。」〔註67〕此乃蘇軾照應瑤津亭齋文的後作，更具體的祈雨方式可以參考《北宋的佛教祈雨禮法》一文。祈雨是一項具有政治意義的活動，因為國家正式祀典的性質，成功之後必然會伴隨著豐厚的賞賜，這時候參與過的佛教社會代理人群體會受到褒賞。名望較高者一般會被賜紫及師號，而所在寺院也能因此獲得度僧的名額：

> 中天竺惠遠和尚談話次云，皇帝給賜全羅紫袈裟、單衫、裙、綾同三種、絹同三種者，依祈雨驗被賜云云。〔註68〕

> 十一日，天晴。辰三點，皇帝賀來瑤津亭燒香……還御了後大保並官勾楊供奉三人曳錢等出南亭賜之。廿一人皆賜紫衣三件，四人褐衣自然清彥二人小師。僧錄成尋二人全羅紫衣三件，廿三人絹各一，僧錄無，二人各二匹。僧錄錢十貫，諸僧各三貫，聖秀、長命各四貫五百文，通事三貫。即大保與一紙，賜成尋下項物色。如後，恩澤三貫七百五十文，折絹並時賜錢二十二貫二百五十文，共三十貫文。澡浴錢一十貫文。此全羅僧衣一副，明黃絹偏衫三領，鹿白布四足。寶末香藥等，金一分碎，銀一分碎，真珠小二粒，青留璃小二粒，水晶二粒，碎沉香三兩，白壇香三兩一分，人參、伏令、石昌蒲、天門冬各二分，酥七兩，乳香九兩，除絹外兩頂見錢

〔註65〕《蘇軾全集》下冊，第1024頁。

〔註66〕藍吉富主編《大藏經補編》，臺北：華宇出版社，1985年，第32冊第398頁中欄。

〔註67〕《蘇軾全集》下冊，第1024頁。

〔註68〕《大藏經補編》，第32冊第391頁上欄。

共三十六貫二百五十,剩延龍腦亦賜闍梨。聖秀、長命各澡浴四貫

五百文,恩澤二貫五百。折絹褐絹僧衣一副。通事陳詠錢三貫文。

詔增河南府超化寺歲度僧二人,賜紫衣一人。以上批,寺乃釋

迦佛舍利所在,於畿內最為靈跡,近兩禱雨,即隨獲嘉應,聞歲止

度僧一人頗闕人修奉,故也。〔註69〕

獲得賞賜固然是寺主的希望,更重要的是祈雨儀式所帶來的社會影響,前者僅

能涉及到個人,而後者的益處乃就整個佛教而言。名流的參與是社會影響的關

鍵,第一,當求雨儀式時,會邀請許多名流當場,既包括佛教的高僧,也有道

士及官員,有時候皇帝本人也會親自到來。如建隆三年五月甲子條「幸相國寺

禱雨」〔註70〕,「熙寧元年,帝幸寺觀祈雨,詔在京舉望祭禮諸路分禱岳鎮海

瀆名山大川,又幸相國寺、天清寺集禧醴泉觀祈雨,雨足,幸西太一宮報謝」

等〔註71〕。第二,祈雨成功之後,既有名流操刀之謝雨祭文,同時也會邀請當

地的文人進行聯詩記錄,並最終被作為佳話而載入史冊。《續通鑑長編》卷八

十七大中祥符九年八月癸未條載:「時以愆亢,有龜山僧智悟請就開寶寺福聖

塔斷左手祈雨,是日雨降。自秋不雨,上憂形於色,減膳徹樂,簨走觸望。及

是霈沛,中外忻慶。分遣官致謝於所祈處。上作甘雨應祈詩,近臣畢和。」〔註

72〕此即為和詩之狀,至於作品,且舉以下兩例,蘇轍之《和李邦直學士沂山

祈雨有應》:

宿雪雖盈尺,不救春夏旱。吁嗟遍野天不聞,歌舞通宵龍一戰。

旋開雲霧布旌旗,復遣雷霆助舒卷。雨聲一夜洗塵埃,流入溝河朝

不見。但見青青黍與禾,老農起舞行人歌。污邪滿車尚可許,供輸

到骨期無它。水行天地有常數,歲歲出入均無頗。半年分已厭枯槁,

及秋更恐憂滂沱。誰能且共蛟龍語,時布甘溜無庸多。〔註73〕

成尋之《參天臺上五臺山記》中亦有記錄:

(善湊)謹課成五十六字呈上闍梨,伏冀光矚者矣。比丘善湊

上:幸因祈禱臨後苑,不類尋常事事英。幾處樓臺呈崒嵂,數般花

〔註69〕 《大藏經補編》,第 32 冊第 401 頁中欄。

〔註70〕 (清)畢沅著《續資治通鑑》,長沙:嶽麓書社,2008 年,第 22 頁。

〔註71〕 《宋會要輯稿》,第 955 頁下。

〔註72〕 (宋)李燾著《續資治通鑑長編》第 7 冊,北京:中華書局,1979 年,第 2016 頁。

〔註73〕 (宋)蘇轍著《欒城集》,上海:上海古籍出版社,2009 年,上冊第 152 頁。

木斗芳榮。矮槐偏僻鄰華景，怪石希奇旁太清。喜獲龍天垂有感，

野僧無礙恣遊行。〔註74〕

名流作為見證者，宣揚了佛教的廣大法力，同時他又將整個過程作為文本固定了下來，這樣影響力將會延續到後世。當然祈雨是一項有風險的活動，可以推測一些參與者內心中充滿了投機的意識。如果祝禱不能得到回應，雖然他們也有相應的遁詞用以脫身，然而這是有風險的，且此事實對名聲的傷害也難以避免。那麼為何一些僧侶甘冒奇險而從事這項工作呢？

追薦亡靈和祝禱祈雨是佛教爭取社會地位的一種手段，寺主積極的尋求與政府的合作，是積累寺院急需生存資本的關鍵，此外，他們還擔負著營造寺院周圍社會網絡的重任，這一點可以保證寺院的長足發展。佛教作為一種社會力量，它在整體層面上可以被視為一種機構。這裏的機構是一種抽象的概念，指代佛教所囊括的資源整體，亦即所有的寺院以及他們的代理人在抽象意義上形成的一種社會潛流，它從根本上區別於可以被物質管控的寺院形式。維繫這個機構的因素是他們共享的教義，質言之，也就是所謂的同儕認同。按照現代的社會學觀點，構建和維持這樣一個社會空間，有助於保障其中每個個人的活動〔註75〕。在此機構中，寺主帶領僧眾訂立經濟和宗教的策略。以宋代來看，一個成功的寺院包括以下內涵：富足的經濟基礎、廣闊的社會影響力，而這兩個要素難以維持平衡的事實，似乎暗示我們其中存在著先後的關係。一個以大乘佛教的精神為根本的寺院，合適的策略是利用其積累的物質資本來換取文化資本，如威望等。有沒有反向的事情發生呢？就是先積累聲望，然後再換取物質？或者也有。但這一情形要面臨好貨的指責，這會大大傷害他們的名聲。物質更換聲望的主流情形，有助於深入的了解寺主的一些選擇。他們大力的發展經濟、建設幽靜高雅的環境、積極的尋求政府項目，很多時候都是為了在這二分法的轉換中獲得先機。而精神資本所帶來的最大好處，就是在世俗生活中影響普通信眾的系統性行為，這正是當時

〔註74〕《大藏經補編》，第 32 冊第 401 頁上欄。

〔註75〕Michael J. Walsh: Sacred Economies: Buddhist Monasticism and Territoriality in Medieval China, Published by: Columbia University Press, p.9-10.原文為：「Thus, in a general sense we are speaking of efforts to construct, maintain, and perpetuate a space (or, to put it another way, a "social arena") conducive to the types of activity required to sustain and reproduce one's social group.」因此，在一般意義上，我們說的是努力構建、維持和延續一個空間（或者，換一個方式，一個「社會舞臺」），以利於維持和再生產一個社會群體所需的活動類型。

儒家倫理的作用，而其餘二氏所缺乏的。他們這種制度化宗教的倫理體系若不經過加強，則只能影響僧侶社會或者神職人員及虔誠信徒，更遠的層次則純粹鞭長莫及。而一旦擁有足夠的文化資本，那麼其對周圍社會的感染會迅速加強。這種加強是彌散式，日用而不知的形式。前面的例子已經證明了佛教可以從政府的項目中獲利，至於其它的轉換手法，茲以寺主與當地文人的交遊為例，略示其營造文化資本的手法。

佛教在古典社會中一直面臨著來自儒家學者的非難，他們指斥的核心問題是其不事生產的寄生生活方式。自從上古地絕天通之後，儒家的倫理不能包容祭祀這類的神職階層了。「六合之外，存而不言」，形上及與之相關的要素，皆在摒除的行列。又加上經學的轉向，宋代思想層面的排佛變得尤為激烈，甚至從抽象籠統的華夷之辯、不事生產的層面，進展到了更具體、細微的地步。如孫昇曾言：「比來京都士大夫，顧不自信其學，乃卑身屈禮，以求問於浮屠之門，其為愚惑甚矣。臣訪聞慧林法云，士大夫有朝夕遊息於其間，而又引其家婦人女子出入無間，參禪入室，與其徒雜擾，昏暮而出，恬然不以為怪，此於朝廷風化不為無損」。他進而上疏皇帝要求「婦人不得以參請為名，輒入禪院，如違止，坐夫子。仍令開封府於諸禪院門曉示，庶幾士大夫之家，稍循禮法，不辱風化。」〔註76〕孫氏的看法在當時具有一定的普遍性。朱光庭也持此說：「士大夫以至民庶之家，今後亦不得令婦女入寺門，明立之禁，庶幾可以息邪說，拒詖行，正風俗」。〔註77〕面對這樣的情形，部分僧侶採用了直面批評的方式，從理念上予以還擊，然而效果都不大。暫舉兩點原因，首先佛教理論繁雜，文本來源也不盡相同，因此多有互相牴牾之處，士大夫之排佛者則採用以子之矛攻子之盾的策略，這一點往往難解。其二另有人純以儒家的主張，也就是當時的普世價值來排除佛教主張，僧侶若是以此還擊，往往又落入儒家之中，這樣的辯解其實沒有什麼力度。面對兩難境地，部分寺主、高僧就採用了迂迴的策略，通過與對佛教心存好感者交往，以化解敵對之狀態。如海月辯都，他既能齊物又與地方官員保持了良好的互動：

> 海月辯都師，雲間人。生有異，父母令入普照出家，得法明智。

〔註76〕（宋）趙汝愚編《宋朝諸臣奏議》，上海：上海古籍出版社，199 年，上冊第
　　　　907 頁。
〔註77〕（宋）趙汝愚編《宋朝諸臣奏議》，第 908 頁。

智老命代講八年，遂領寺事。翰林沈時卿以威猛治杭，僧徒見者多
懼，師獨從容如平日。公異之，俾涖僧職，遷至都僧正。時東坡作
倅，喜其道行高峻，發言璀璨，嘗序之曰：「錢塘佛僧之盛，蓋甲天
下。道德才智之士與夫妄庸巧偽之人，雜處其間，號為難齊。故僧
職正副之外，別補都僧正一員。簿帳案牒，奔走將迎之勞，專責副
正已下，而都師總領要略，實以行解表眾而已。」師容止端靖，不
畜長物。有盜夜入其室，脫衣與之，使從支徑遁去。居無何，勌於
酬酢，歸隱草堂，但六身隨身而已。將順寂，先遺言：須東坡至，
方可闔棺。四日，東坡始氐山中，見其端坐如生，頂尚溫，遂作三
絕哭之，云：「欲尋遺跡強沾裳，本自無生可得亡？今夜生公講堂月，
滿庭依舊冷如霜。」「生死猶如臂屈伸，情鍾我輩一酸辛。樂天不是
蓬萊客，憑仗西方作主人。」「欲訪浮雲起滅因，無緣却見夢中身。
安心好住王文度，此理何須更問人。」〔註78〕

從這個例子來看，一個神職人員要成為一個僧首，需要的幾種素質就包含了與
贊助人維持關係一項〔註79〕。況且辯都不僅為寺院主事，更有都僧正的職務，
他實質上擔負了宗教和政治的橋樑。此二者良好關係之維護，有賴於這種身份
者較多。另外，從文化構成來看，佛教更具有深廣性，即佛教有而儒家無之文
化類型很多，這提供了一種很好的差異競爭可能。且大乘佛教的主要理念廣大
的菩薩行，其核心討論的行動力問題，完全可以呼應到《易經》的脈絡之中。
不僅有僧首可以作為橋樑溝通佛教與士夫之關係，而且二者的文化也多有可
以交通之處。這為高僧爭取士夫提供了先決條件。

　　寺主通過營建良好、幽深的寺院環境，來為地方精英提供實現隱逸理想的
空間。他們在這個空間中遐想與古代的高明賢達的精神交匯的可能，這極度迎
合了士夫高貴人格的野望。部分古典官吏往往出仕在朝的同時，又想效仿許
由、巢父等，過一種閒雲野鶴遠離塵寰的生活。而宋代佛寺這種莊園式的經濟

〔註78〕　（宋）釋曇秀撰《人天寶鑒》，《全宋筆記》第八編第十冊，鄭州：大象出版社，
　　　　2015 年，第 222 頁。

〔註79〕　Miriam Levering: Dahui Zonggao and Zhang Shangying: The Importance of a
　　　　Scholar in the Education of a Song Chan Master. Journal of Song-Yuan Studies,
　　　　2000, No. 30 (2000), pp. 115-139. 其原文為：「as a Chan abbot and teacher……
　　　　education in conducting relations with lay pat.」（作為一個禪師，他……還需要
　　　　處理與外道的關係）。

結構，〔註80〕有足夠的財力來設計建築的格局及配套的環境，這種特別被設計的空間很容易滿足文人想像的可能。如宋白之《大相國寺碑銘》載：

> 其形勢之雄，制度之廣，剞劂之妙，丹青之英。星繁高手，雲萃名工。外國之希奇，八方之異巧，聚精會神，爭能角勝，極思而成之也。偉夫舳棱鳥跂，梅梁虹伸。繡栭文楣，璇題玉砌。金碧輝映，雲霞失容。筝鐸玲瓏，咸韶合奏，森善法於目前，飄樂音於耳界。〔註81〕

那麼為何幽深、孤靜的環境能給人以這樣的情感呢？前文已經略有提及，這裏再改換一個角度做進一步說明。寺院具有明確的邊界，這個邊界使它區別於世俗社會。這個獨立空間中包含了一種異質文化生長的可能，即不同於被俗世牽絆、物質的可能。伊利亞德嘗言之：「對一個信仰者而言，教堂在它所在的地區中，分享一個全然不同的空間。在教堂內部開啟著的門，事實上是要解決由凡俗空間過渡到神聖空間不同質、不連貫的問題，其門檻劃分開了兩重空間，也象徵著凡俗與宗教兩種模式之間的區隔。門檻，是一道界線和分野，這道邊界分隔並面對著兩種世界；而同時，這兩個看似矛盾的世界卻得以相通，使凡俗世界過渡到神聖世界的通道得以相連。」〔註82〕由凡俗空間進展到神聖之空間，存在一種「社會距離」，此一距離會使得他「在逾越限制時」感到不安，從而引起一種明顯異質的思考〔註83〕。換言之，當一個人進入到寺院時，他內心本會被一種宗教的期待所縈繞。這種期待不同民族具有不同之特質，如基督教徒會猜測雄壯、高闊的建築特徵，德魯伊教的信徒可能會想到一種完全自然而不經斧鑿的狀態，這當然是由文化範形所決定的。對古典的中國人來說，他們可能會趨向一種亭臺、迴廊乃至勾心鬥角、簷牙高啄的環境類型，這樣的風格極大的突出了一種空的感覺，亭臺和迴廊的主體部分都是沒有填充物的，而高聳的簷牙則能突出天的空闊遼遠。宗教現象學家奧托（Rudolf Otto）遂認為這是一種神秘表達的方式：

> 除了靜默與黑暗之外，東方藝術還知道能產生強烈的神秘印象的第三種直接方式，這就是空（emptiness）和空闊（emptydistances）。

〔註80〕杜繼文在《中國禪宗通史》中言道：「自五代十國開始，禪眾由山林陋居，逐漸向城市、都邑、大中寺院分流，佛教社會主義的傳統受到破壞，地主式莊園經濟日漸成長。」，南京：江蘇人民出版社，2008 年，第 399 頁。
〔註81〕《全宋文》，第 3 冊第 414 頁。
〔註82〕《聖與俗──宗教的本質》，第 75 頁。
〔註83〕霍爾《隱藏的空間》，第 17 頁。

> 空闊，亦即遼遠的空白，乃是平面上的崇高。……中國建──它在
> 本質上是一種安排與組合房舍的藝術──就巧妙地、突出地利用了
> 這一事實。它不是以崇高的拱形大廳或軒昂的高度來產生莊嚴的印
> 象的，再沒有比一鎖閉的空間、庭院和長廊所具有的那種無言的恢
> 宏更莊嚴的了。〔註84〕

這種營造的法式既有對帝國的隱喻，〔註85〕同時也注入了古典藝術的審美元
素，這是就總體而言。就風格或者局部來看，描述寺院勝景的詞語較多，暫舉
幾例以見其精神，如幽篁叢林、斑駁疏離、蒼石碧空、筼簹清影、落葉梧桐、
風雨滿懷等，其物態往往清澈純淨，而神韻則飄逸高遠，一個胸懷整齊之人，
面對這種無暇的環境能不息機？正若蘭花生在幽谷，自然有絕塵的姿態。這個
時候宇宙倒映在人的心靈之中，而心靈為此廣大造化主所沾溉。如方東美所言
「生命憑恃宇宙，而宇宙衣被人生，宇宙定位而心靈得養，心靈緣慮而宇宙協
和，智慧之積所以稱宇宙之名理也，意緒之流所以暢人生之美感也。斯二者均
造極詣，則人我之煩惑狂亂可止，而悅心妍慮矣。」〔註86〕這種制度化的宗教
總有將人的行動調整為設想的宇宙秩序的衝動，並進而將這種宇宙的秩序投
射到更多人經驗的層面〔註87〕。這其中還有許多不易說清的糾葛，蓋因此暗示

〔註84〕 奧托著、成窮等譯《論神聖》，成都：四川人民出版社，1995年，第81頁。
〔註85〕 王斯福（Feuchtwang）認為中國的宗教都存在對帝國的隱喻（the imperial
metaphor），這一點不僅反映在其組織的方式上，更在行事風格乃至建築樣式
中都有所表現。他進一步指出：「the Chinese rituals resemble in many ways acts
of deference, bribery and negotiation with political officials and their underlings,
because the participants act in the belief that their actions will have bureaucratic
efficacy, it is appropriate to describe them as transactive and interpersonal」。中國
的儀式在很多方面都類似於對政治官員及其下屬的恭維、賄賂和談判行為，
因為參與者相信他們的行為會產生官僚效力，所以將其描述為交易和人際關
係是合適的。見氏著 The Imperial Metaphor: Popular Religion in China. London:
Routledge, 1992. 214 pp.
〔註86〕 方東美著《生命情調與美感》，《文藝叢刊》，1931，1（1）。
〔註87〕 Geertz, Clifford. *Religion as a Cultural System*. College Columbia University,
1966.p.90.其原文為：「The notion that religion tunes human action to an envisaged
cosmic order and projects images of cosmic order onto the plane of human
experience is hardly novel. But it is hardly investigaed either, so that we have very
little idea of how, in empirical terms, this particular miracle is accomplished」。宗
教將人類的行動調整為設想的宇宙秩序，並將宇宙秩序的形象投射到人類經
驗的層面上，這個概念並不新鮮。但它幾乎沒有被認真思考過，所以我們對這
個特殊的奇跡是如何完成的，從經驗角度看，幾乎沒有什麼概念。

過程充滿了幻想與心理相互交織的情況，這種交織作為暗示被傳遞給朝聖者，他們充分的利用自己的「妄想症」（Paranoia）對此進行有機的再加工，每個人便會有不同的神秘體驗，至少也是嚴格區分於俗世經驗的。這一互動過程已被現代的「格式塔」心理學派所證明，而寺院藉由諸多要素所建立的旅遊體驗或許便是他們所稱的「學習遷移」（Learning Transfer）的結果。幽靜、美妙的環境固然能給人以冥契的體驗，讓生命升華，而衰敗、肅殺的氛圍，其實也能如此。這與佛教主張的無常的人生哲學有關，東坡之《和子由澠池懷舊》中有「老僧已死成新塔，壞壁無由見舊題」，[註88] 其將時間和空間都揉成一團，彼時彼刻所透出的意味禪機盎然，當然這並非寺主刻意的營造，而是造化使然。不過就這件事本身來說，也是因寺院環境引發的遐思，與前者同其機杼。

　　寺主苦心孤詣營造的高雅氛圍，很容易獲得地方文士階層的青睞，他們往往也是經濟上佔有優勢的團體。寺院可以提供一種悠閒、放鬆的環境，並幫助他們脫離案牘的縈繞，短暫的實現隱逸的理想。因此，他們不但容易成為宗教活動的贊助商，同時也會作為護法的居士，為佛教在儒家文化編織的權力系統中博得一定的地位。甚至有研究者認為宋代居士佛教的興起改變了佛教的走向，這是題外話。以張商英為例，他由一個排佛的士大夫[註89]，變成一個撰《護法論》為佛教辯解的居士，其間心緒轉換具有樣本的意義，從中或可以窺見一般佞佛者的心態。張從排佛到心存好感的契機是《維摩詰經》，據傳當他讀到文殊師利詢問維摩居士得病之因時詫為異語。文殊師利問道：「地大、水大、火大、風大，於此四大，何大之病？」而維摩答道：「此病非地大，又不離地大；水火風大，亦復如是，而眾生病從四大起，以其有病，是故我病。」[註90] 此經乃至此語似後世刻意選擇的結果，經固不必多言，其極大抬高了居士的地位，符合張商英的身份背景。而所選的經文也扣合了兼濟天下的傳統，

〔註88〕原詩為：「人生到處知何似？應似飛鴻踏雪泥。泥上偶然留指爪，鴻飛那復計東西。老僧已死成新塔，壞壁無由見舊題。往日崎嶇還記否，路長人困蹇驢嘶。」嘉祐元年，蘇軾兄弟應舉赴京，「過宿縣中寺舍，題其老僧奉閑之壁」，當時「馬死於二陵，騎驢至此」。蘇轍重過舊跡，僧死壁壞，舊跡蕩然無存，只有瘞葬骨灰的小塔。蘇轍之原詩為：「相攜話別鄭原上，共道長途怕雪泥。歸騎還尋大梁陌，行人已度古崤西。曾為縣吏民知否，舊宿僧房壁共題。遙想獨遊佳味少，無言騅馬但鳴嘶。」

〔註89〕他的排佛仍然是以其教盡費財資而無實際貢獻為據，他曾因看到僧侶為金字佛經撢塵而歎道「吾孔聖之教，反不如胡人之書」。

〔註90〕《大正藏》，第14冊第544頁下欄。

這又扣合了他本身的文化底色乃至政治地位，故僅可認為其存在理念的真實性可也。他真正的佛學修養應該來自對華嚴宗經典的學習，這在他本人撰寫的《決疑論後記》中有明確的記載：

> 商英遊五臺山，中夜於祕魔嵒金色光中，見文殊師利菩薩。慨悟時節，誓窮學佛，退而閱華嚴經義疏，汗漫罔知統類。九月出按壽陽，聞縣東三十五里，有方山昭化院，乃長者造論之所，齋戒往謁焉。至則於破屋之下散帙之間，得華嚴修行決疑論四卷，疾讀數紙，疑情頓釋。〔註91〕

他在系統的閱讀了華嚴宗的著作之後，有心得傳世：「太師曾公子宣聞其事。謂商英曰。子盍發明長者之意而記之。使學華嚴者益生大信。而知所宗。則長者放光。以累子也不虛矣。商英曰。蒙塞何足以知長者。雖然嘗試以管窺之。」〔註92〕這一條脈絡較為清晰。至於禪宗所謂其為何人之法嗣，又從何處開悟云云，或者真有其事也未可知。不過張氏平生交遊的僧侶倒是以禪僧為多，且他本人所具有的華嚴思想，對一些禪僧也有很大的影響。據信大慧宗杲在第二次拜訪了張商英之後，就開始頻繁地學習華嚴宗的知識，並用以解決禪宗理論創建的難題，這一興趣宗杲保持了終身〔註93〕。另外張商英還與圓悟克勤關於華嚴的知識有過一次深入的交談：

> 政和間謝事，復出峽南遊。時張無盡寓荊南，以道學自居，少見推許。師艤舟謁之，劇談《華嚴》旨要。曰：「《華嚴》現量境界，理事全真，初無假法。所以即一而萬，了萬為一。一復一，萬復萬，浩然莫窮。心佛眾生，三無差別。卷舒自在，無礙圓融。此雖極則，終是無風之波。」公於是不覺促榻。師遂問曰：「到此與祖師西來意，為同為別？」公曰：「同矣。」師曰：「且得沒交涉。」公色為之慍。師曰：「不見雲門道，山河大地，無絲毫過患，猶是轉句。直得不見一色，始是半提。更須知有向上全提時節。彼德山、臨濟，豈非全提乎？」公乃首肯。翌日復舉「事法界、理法界、至理事無礙法界。」

〔註91〕《大正藏》，第 36 冊第 1048 頁下欄至 1049 頁上欄。

〔註92〕《大正藏》，第 36 冊第 1049 頁上欄。

〔註93〕Levering, "Chan Enlightenment for Laymen," 207-39; a large part of one chapter is devoted to Dahui and the Huayan Sutra. 此觀點也為楊惠南所肯定，他認為大慧宗杲的禪法含有極其強烈的華嚴成分，主張重慧輕定。見楊惠南，《看話禪與南宋主戰派之間的交涉》，中華佛學學報，1994（7）：203～205。

師又問：「此可說禪乎？」公曰：「正好說禪也。」師笑曰：「不然。
正是法界量里在。蓋法界量未減，若到事事無礙法界，始好說禪。
如何是佛？乾屎橛。如何是佛？麻三斤。是故真淨偈曰：『事事無
礙，如意自在。手把豬頭，口誦淨戒。趁出淫坊，未還酒債。十字
街頭，解開布袋。』公曰：「美哉之論，豈易得聞乎！」於是以師
禮留居碧巖，復徙道林。樞密鄧公子常奏賜紫服師號，詔住金陵蔣
山，學者無地以容。敕補天寧萬壽，上詔見，褒寵甚渥。〔註94〕

這裏反映出的華嚴思想比較明確，克勤也因此被忽滑谷快天譽為「活用華嚴
法門者」〔註95〕。此次討論使得圓悟克勤得到了張的高度認可，為他後來的
弘法和名聲帶來了很大的好處。張商英的佛學思想底色雖為華嚴之法，但他
交遊的大都是禪宗僧侶，他本人更被列入了黃龍派的門墻，為兜率從悅禪師
的法嗣，南嶽下十四世。與他交好的禪師大都與此派有一些千絲萬縷的關係，
如東林常總〔註96〕、黃龍祖心〔註97〕、寶峰克文等〔註98〕。因為與這些僧侶
領袖有著很深的交情，他本人對佛教好感很多，故他對佛教當時面臨的困難
等多有紓解。做弘法、護法的事情，據他所言是出於公心，希望一切人能夠
了解佛教，抑制自己的情慾煩惱。他走上這條道路，那些與他交好的出家人
的引導之功不容忽視。除了撰寫《護法論》這樣影響很大的事之外，他還為
寺院做了許多實際的工作，比如他最後一次去五臺山之後，為保護寺產曾上
疏朝廷，略云：

〔註94〕《新纂卍續藏》，第86冊第33頁上欄到中欄。

〔註95〕〔日〕忽滑谷快天著、朱謙之譯《中國禪學思想史》下冊，上海：上海古籍出
版社，1994年，第518頁。

〔註96〕「（張）元祐六年為江西曹，首謁東林照覺總禪師，覺詰其所見處，與己符合，
乃印可。」見《五燈會元》，第1199頁。

〔註97〕「無盡居士見兜率悅禪師既有契證，因詢晦堂家風於悅，欲往就見……未幾，
無盡游黃龍，訪晦堂於西園。」見曉瑩：《羅湖野錄》卷四，《影印文淵閣四庫
全書》第1052冊，商務印書館（臺灣），1986年，第916頁。

〔註98〕惠洪在《雲庵真淨和尚行狀》中說：「今丞相張公商英出鎮洪府，道由歸宗，
見師於淨名庵，明年迎居石門。」見《石門文字禪》。另《羅湖野錄》記載：
「逮崇寧三祀，寂音尊者謁無盡於峽州善溪，無盡曰：『昔見真淨老師於歸宗，
因語及兜率所謂末後句，語尚未終，而真淨忽怒罵曰：此吐血禿丁，脫空妄
語，不用信。既見其盛怒，不敢更陳曲折，然昔真淨不知此也。』……無盡於
言下頓見真淨用處，即取家藏真淨肖像，展拜，題贊其上。」曉瑩：《羅湖野
錄》卷四，《景印文淵閣四庫全書》第1052冊，商務印書館（臺灣），1986年，
第914頁。

勘會五臺山十寺，舊管四十二莊。太宗皇帝平晉之後悉蠲租賦，以示崇奉。比因邊臣謾昧朝廷，其地為山荒，遂標奪其良田三百餘頃，招置弓箭手一百餘戶，因此逐寺，詞訟不息。僧徒分散，寺宇隳摧。臣累見狀，乞給還，終未蒙省察。〔註99〕

禪宗領袖僧侶大都有像張商英這樣的外護，這是宋代佛教發展的一種策略。如「促成雲門宗迅速興起的外護是宋仁宗、駙馬都尉張敦禮和越國大長公主等人；臨濟宗禪僧蘊聰的外護是駙馬都尉李遵勖，贊元、克文的外護是王安石，宗杲的外護是張浚、張九成；元代印簡、福裕、子聰的外護是元憲宗或元世祖及某些大臣等等。」〔註100〕

　　除了與士紳官員交遊之外，許多寺主也積極的學習儒家的文化，並且掌握詩詞書畫的技藝。這一點使得他們看上去像一個儒家文化理念的踐行者，然後才是僧侶的身份，甚至其中一部分完全就是儒生的底色，弘法又變成了餘事，自號中庸子的孤山智圓就是如此。有關智圓的事跡，前文已經多處提及，這裏不再贅言。他強調儒、釋一致：「夫儒、釋者，言異而理貫也，莫不化民俾遷善遠惡也。儒者飾身之教，故謂之外典也；釋者修心之教，故謂之內典也。……吾修身以儒，治心以釋，拳拳服膺，罔敢懈慢。」〔註101〕這一點如果得到廣泛的認可，基本上可以泯沒佛教受到的責難。然而問題是智圓學問的本色是儒家，他希望能用儒家的理念來解釋甚至改造佛教的心性論，這種看法在他的《閒居編》中多有流露。如「山也，水也，君子好之甚矣，小人好之亦甚矣。好之則同也，所以好之則異乎。夫君子之好也，俾復其性；小人之好也，務悅其情。君子知人之性也本善，由七情而汨之，由五常而復之；五常所以制其情也。由是觀山之靜似仁，察水之動似知。故好之，則心不忘於仁與知也。……小人好之則不然，唯能目嵯峨、耳潺湲，以快其情也。孰為仁乎？孰為知乎？及其動也，則必乘其道也。」〔註102〕這裏的復性，復的是孟子所謂的善性，已經完全不同於佛教的想法了。又《佛祖統紀》載：「紹聖二年，蘇軾謫惠州，韶陽南華寺重辯請軾書柳宗元《六祖碑》，復題其後曰：釋迦以文設教，其譯於中國，必託於儒之能言者，然後傳遠。故大乘諸經至《楞嚴》則委曲精盡，

〔註99〕王志勇主編，崔玉卿點校《清涼山傳志選粹》，太原：山西人民出版社，2000年，第338～339頁。
〔註100〕楊曾文《宋元禪宗史》，北京：中國社會科學出版社，2006年，第48頁。
〔註101〕《新纂卍續藏》，第56冊第894頁上欄。
〔註102〕《新纂卍續藏》，第56冊第903頁上欄。

勝妙獨出，以房融筆授故也。柳子厚南遷，始究佛法，作曹溪、南嶽諸碑，妙絕古今。而南華今無石刻，重辯師謂：自唐以來，頌述祖師者多矣，未有通亮如子厚者。蓋推本其言與孟氏合，其可不使學者日見而常誦之？」〔註103〕若從格義的源流來看，認為佛教初譯之理論與儒家有某些方面的共性，大概是沒有問題的，用語習慣及名相判釋有類似的根基之故，因而寺主掌握儒家文化是弘法的需要。這不僅就哲學的方面來談，更包括了古典的一些藝術技能，如詩詞歌賦、繪畫、音樂等。這在宗教神聖性之外，又可以迎合古代平民對知識階層的迷信。而且一個具有較好的文化修養的僧侶，他往往能將世俗的審美和宗教情感結合起來，創造一種新的美學範式，這在宋代僧侶的詩歌和繪畫中也多有表現。

總之，一個寺院要在當地的社區中取得成功，需要大量的社會實踐，這種行為有時候會被稱為機構的社會再生產（the social reproduction of the institution），因而了解一個寺院的寺主的行為習慣是有益的。他的行為和決定影響著一個寺院的整體動向，更嚴格來說，所有的寺主就決定了佛教這個機構的風格和策略。皮埃爾-布爾迪厄（Pierre Bourdieu）指出習慣這個概念的一個功能是保持風格的統一性，它把代理人的實踐和目標統一起來〔註104〕。宋代的僧侶領袖具有多方面的特質，他們成功地為寺院建立了良好的物質基礎，到了十三世紀，他們甚至擁有自己的法律、法規、習俗、文本，和維持其機構權力的方法，組成了自己的社會組織。從某種意義上說，這種權力是少數能夠與帝國對抗的社會力量之一。因而就佛教面向世俗的維度來說，他們的實踐是成功的。同時也應該看到，這些寺主在佛學的領域取得的成就又遠不能和唐前相較，他們主要從事了文本的整理和編撰，甚少提出新的解釋方法。也許他們不想挑戰帝國政府對知識的解釋權力，畢竟安穩的環境是發展的根基。他們通過儀式和其他層面的表現來強化皇權的影響，規模較大的寺院往往受到皇帝的支持，並接受帝國的捐贈和免稅，較小的寺院則過的舉步維艱。不論大小這些寺主都充滿了危機的感覺，從本體論上看，佛教獨特的時空觀在事實上挑戰了

〔註103〕《大正藏》第49冊第418頁上欄。

〔註104〕Pierre Bourdieu: Practical Reason: On the Theory of Action [Stanford: Stanford University Press, 1998], p8.原文為：「One of the functions of the notion of habitus is to account for the unity of style, which unites the practices and goals of a single agent or a class of agents」。（習慣概念的功能之一是解釋風格的統一性，它將一個代理人或一類代理人的實踐和目標結合起來）

帝國的權威。故而一部分時間裡他們寧願在當地的社區中取得更高的威望，也會盡量的避免與政府的接觸，這又是其生存環境複雜一面的表現。

　　寺院和中國的傳統家庭具有一些相似性，傳統家庭的長期目標是繁衍和延續，採用包括出生、婚姻、收養等手段。這些手段是僧侶所不能被允許的，佛教寺院從比任何傳統家庭更廣泛的社會基礎上招收僧侶以及進行社會再生產，又是家庭制度所不具備的。這兩者都是一種制度化的產物，既是儀式的，也是技術的，其目的是持久地在被制度化的每一個成員身上建立起感情。這種感情將趨向於確保融合，而融合是單位存在和持續的條件。家庭要想生存，需要兩種特定的資本：一是經濟資本，這是第二種資本文化資本的先導。文化資本被理解為本質上超越了單純的物質價值，反過來又賦予了一定的聲望（和特權），使其擁有者能夠賦予同一舞臺或社會領域中的其他物件或參與者以合法性。寺主和家主都注重獲取和傳遞經濟資本的策略，以產生積累文化資本的可能性，文化資本帶來合法性，並賦予他人以合法性的特權。機構的再生產是唯一能讓文化資本有積累和保存的可靠選擇，寺主就擔負著這一過程掌舵人的職責，當然這一再生產的過程是在更廣闊的社會背景中進行的。作為一個特殊文化的機構代理人，實質上，他們還是在夾縫中生存的群體。

第三節　結論

　　宋代僧侶領袖擔負着內外兩方面的責任，對內他們統轄寺院並教導門徒，以接續佛教之慧命；對外則作為佛教的社會代理人，盡可能多的尋找與政府的合作機會。統轄寺院的前提是寺主地位的取得，這一職位的選舉程序有明確的要求，但因為社會、政治等因素的影響，選舉中經常會出現舞弊等行為，不過主流的情形仍然是以選賢為標準。宋代禪宗教導門徒大都採用對話（encounter-dialogue）的方式，來為門徒製造一個存在主義的懷疑，門徒通過戰勝其帶來的焦慮，以獲取開悟的資格。除了處理對內的事務，寺主還必須參與社會化的活動，以為寺院爭取更多利益。寺院要保持穩定性並擴大影響，必須參與社會再生產的過程，這要求寺主能夠盡可能多的獲得與機構合作的機會，尤其是政府。政府和寺院都有延長其存在時間的需要，這提供了兩者合作的基礎。一方面佛教擁有獨特解釋世界的方法，這使得他們有游離於帝國的機會，可以盡量的爭取附近社區的信徒；另一方面社會再生產又要求他們深度的參與到帝國

事物之中，這種參與往往是以受到控制作為前提的。游離和受控這種兩難的處境，使得寺主經常面臨着不同的挑戰，他們需要靈活的處理難題，以便為教團的發展爭取到更多的支持。總之，這個群體在世俗與神聖的夾縫中生存，宋代時他們更傾向於擴大教派的影響，這一導向決定了他們在當時的宗教世俗化浪潮中起到了關鍵的作用。

參考文獻

一、古籍

1. （清）畢沅著《續資治通鑑》，長沙：嶽麓書社，2008 年。

2. （宋）曹勛著《松隱集》，北京：文物出版社，1982 年。

3. （唐）長孫無忌著《唐律疏議註譯》，蘭州：甘肅人民出版社，2017 年。

4. （宋）晁公武著，孫猛校證《郡齋讀書志校證》，上海：上海古籍出版社，1990 年。

5. （清）陳毅撰《攝山志》，南京：南京出版社，2017 年。

6. （宋）大慧宗杲著，明堯、明潔校注《大慧尺牘校注》，蘭州：金城出版社，2017 年。

7. 大正新修大藏經刊行會編《大正新修大藏經》，東京：大藏出版株式會社，1988 年。

8. （宋）道原撰、朱俊紅點校《景德傳燈錄》，海口：海南出版社，2011 年。

9. （宋）道融撰《叢林盛事》，《卍新纂續藏》第 148 冊，東京：株式會社國書刊行會，1975 年。

10. 董浩等編《全唐文》，北京：中華書局，1983 年。

11. （宋）范成大著《成都古寺名記》，見龍顯昭主編《巴蜀佛教碑文集成》，成都：巴蜀書社，2004 年。

12. （宋）范祖禹著《范太史集》，臺北：商務印書館，1983 年文瀾閣四庫全書影印本。

13. （明）馮夢龍評纂，孫大鵬點校《太平廣記鈔》，武漢：崇文書局，2019 年。

14. （元）傅若金《傅與礪文集》，見《景印文淵本四庫全書》，臺北：臺灣商務印書館 1984 年影印。

15. 河村照孝編集《新纂卍續藏》，東京：株式會社國書刊行會，1975 年。

16. （宋）洪邁著、楊名點校《夷堅志》，重慶：重慶出版社，1996 年。

17. （宋）洪興祖《楚辭補註》，北京：中華書局，1983 年。

18. （元）黃溍著、王頲點校《黃溍集》，杭州：浙江古籍出版社，2013 年。

19. （宋）黃庭堅著，黃寶華選註《中國古典文學名家選集·黃庭堅》，上海：上海古籍出版社，2016 年。

20. （宋）黃庭堅著《黃庭堅全集》，成都：四川大學出版社，2001 年。

21. （明）黃宗羲著、沈善宏主編《黃宗羲全集》，杭州：浙江古籍出版社，1993 年。

22. （宋）惠洪著、周裕鍇校注《石門文字禪校注》，上海：上海古籍出版社，2021 年。

23. （唐）惠能著、李明註《六祖壇經》，長沙：嶽麓書社，2016 年。

24. （宋）計有功《唐詩紀事》，上海：上海古籍出版社，1987 年。

25. （姚秦）鳩摩羅什譯，龍樹造《大智度論》，《大正新修大藏經》第 9 冊，臺北：新文豐出版社，1983 年。

26. （唐）淨覺撰《楞伽師資記》，《大正新修大藏經》第 85 冊，臺北：臺灣新文豐出版社，1983 年。

27. （宋）淨善重集《禪林寶訓》，大正新修大藏經》第 48 冊，臺北：新文豐出版社，1983 年。

28. 《嘉興大藏經》，臺北：新文豐出版公司，1987 年。

29. 《景印文淵閣四庫全書》臺北：臺灣商務印書館，1986 年。

30. （南唐）靜筠二禪師編著《祖堂集》，北京：中華書局，2007 年。

31. （宋）枯崖圓悟編《枯崖漫錄》，《卍新纂續藏》第 148 冊，東京：株式會社國書刊行會，1975 年。

32. （清）李慈銘《越縵堂讀書記》，北京：中華書局，2006 年。

33. （宋）李昉等編，張國風匯校《太平廣記匯校》，北京：北京燕山出版社，2011 年。

34. （宋）李燾著《續資治通鑑長編》，北京：中華書局，1979 年。

35. （宋）劉克莊著《後村先生大全集》，成都：四川大學出版社，2008 年。

36. （南朝梁）劉勰著、周振甫譯註《文心雕龍選譯》，南京：鳳凰出版社，2017 年。

37. （五代）劉昫等撰，陳煥良、文華點校《舊唐書》，長沙：嶽麓書社，1997 年。

38. （晉）陸機著、張懷瑾譯註《文賦譯註》，北京：北京出版社，1984 年。

39. （宋）陸游著，馬亞中、涂小馬校注《渭南文集校注》，杭州：浙江古籍出版社，2015 年。

40. （宋）陸游著、錢仲聯校注《劍南詩稿校注》，杭州：浙江教育出版社，2011 年。

41. （明）明河撰《補續高僧傳》，《卍新纂續藏》第 134 冊，東京：株式會社國書刊行會，1975 年。

42. （元）念常編《佛祖歷代通載》，《大正新修大藏經》第 49 冊，臺北：新文豐出版社，1983 年。

43. （宋）普濟撰、蘇淵雷點校《五燈會元》，北京：中華書局，1984 年。

44. （宋）契嵩著，林仲湘、邱小毛校注《鐔津文集校注》，成都：巴蜀書社，2014 年。

45. （宋）契嵩著，鍾東等點校《鐔津文集》，上海：上海古籍出版社，2016 年。

46. （宋）錢易著《南部新書》，北京：中華書局 2002 年。

47. （元）潛說友纂《咸淳臨安志》，《文津閣四庫全書》第一六六冊，北京：商務印書館，2005 年。

48. （明）瞿汝稷編《指月錄》，《卍新纂續藏》第 143 冊，東京：株式會社國書刊行會，1975 年。

49. （清）阮元校刻《十三經注疏》，北京：中華書局，2009 年。

50. （明）如惺撰《大明高僧傳》，《大正新修大藏經》第 49 冊，臺北：新文豐出版社，1983 年。

51. （明）如卺編《禪宗正脈》，《卍新纂續藏》第 146 冊，東京：株式會社國書刊行會，1975 年。

52. （宋）邵伯溫著《邵氏聞見錄》，北京：中華書局，1983 年。

53. （清）沈德潛選編、劉福元等點校《唐詩別裁集》，石家莊：河北人民出版社，1997 年。

54. （元）盛熙明著《補陀洛迦山傳》，《大正新修大藏經》第 51 冊，臺北：
新文豐出版社，1983 年。

55. （宋）釋道元著、顧宏義譯註《景德傳燈錄》，上海：上海書店出版社，
2010 年。

56. （明）釋無慍著《山菴雜錄》，北京：商務印書館，1923 年。

57. （宋）司馬光等編著《資治通鑑》，北京：中華書局，2018 年。

58. （漢）司馬遷著，（宋）裴駰集解，（唐）司馬貞索隱，（唐）張守節正義
《史記》，北京：中華書局，2014 年。

59. 《四朝高僧傳》，北京：中國書店，2018 年。

60. （宋）蘇軾著《東坡志林》，北京：中華書局 1981 年。

61. （宋）蘇軾著，李之亮箋注《蘇軾文集編年箋注》，成都：巴蜀書社，2011
年。

62. （宋）蘇軾撰，（明）茅維編；孔凡禮點校，《蘇詩文集》，北京：中華書
局，1986 年。

63. （宋）蘇轍著《欒城集》，上海：上海古籍出版社，2009 年。

64. （明）通容編《五燈嚴統》，《卍新纂續藏》第 139 冊，東京：株式會社國
書刊行會，1975 年。

65. （宋）王安石著、戎默整理《王安石全集》，上海：復旦大學出版社，2016
年。

66. （魏）王弼註、（晉）韓康伯註、（唐）孔穎達疏、（唐）陸德明音義《周易
注疏》，北京：中央編譯出版社，2012 年。

67. （魏）王弼註、樓宇烈校釋《老子道德經註》，北京：中華書局，2011 年。

68. （漢）王充著，高蘇垣選註《論衡》，北京：商務印書館，2020 年。

69. （清）王夫之著《清詩話》，上海：上海古籍出版社，1999 年。

70. （清）王夫之著《船山全書》，長沙：嶽麓書社，1998 年。

71. （清）王士禎著，惠棟、金榮註，宮曉衛、孫言成等整理《漁洋精華錄集
註》，濟南：齊魯書社，2009 年。

72. （唐）王維著，（清）趙殿成箋注《王右丞集箋注》，上海：上海古籍出版
社，1998 年。

73. （清）王文清撰、黃守紅點校《王文清集》，長沙：嶽麓書社，2013 年。

74. （宋）王灼著、岳珍校注《碧雞漫志校證》，北京：人民文學出版社，2015年。

75. （宋）吳曾著《能改齋漫錄》，《景印文淵閣本四庫全書》第 850 冊，臺北：臺灣商務印書館 1984 年影印。

76. （宋）悟明集《聯燈會要》，《卍新纂續藏》第 79 冊，東京：株式會社國書刊行會，1975 年。

77. （宋）曉瑩著《羅湖野錄》，《景印文淵閣四庫全書》第 1052 冊，臺灣：商務印書館，1986 年。

78. （宋）曉瑩著《雲臥紀譚》，《卍新纂續藏》第 148 冊，東京：株式會社國書刊行會，1975 年。

79. （宋）謝深甫等編、戴建國點校《慶元條法事類》，哈爾濱：黑龍江人民出版社，2002 年。

80. （清）謝廷章註、劉榮平編《賭棋山莊詞話校注》，廈門：廈門大學出版社，2013 年。

81. （清）徐松輯著《宋會要輯稿》，北京：中華書局，1957 年。

82. （唐）玄奘述、辯機書，季羨林等校注《大唐西域記校注》，北京：中華書局，1985 年。

83. （唐）玄覽撰《禪宗集》，《大正新修大藏經》第 48 冊，臺北：新文豐出版公司，1983 年。

84. （清）嚴可均輯《全上古三代秦漢三國六朝文》，北京：中華書局，1958年。

85. （宋）嚴羽著，郭紹虞校釋《滄浪詩話校釋》，北京：人民文學出版社，1983 年。

86. （清）俞樾著《茶香室四鈔》上海古籍出版社 1995 年影印本《續修四庫全書》第 1199 冊。

87. （宋）圓悟克勤著、尚之煜校注《碧巖錄》，鄭州：中州古籍出版社，2015年。

88. （明）圓極撰《續傳燈錄》，《大正新修大藏經》第 51 冊，臺北：新文豐出版社，1983 年。

89. （宋）岳珂著《愧郯錄》，廣陵古籍刻印社 1983 年影印本《筆記小說大觀》。

90. （宋）贊寧撰、范祥雍點校《宋高僧傳），北京：中華書局 1987 年。

91. （宋）賾藏著，蕭萐父、呂有祥點校《古尊宿語錄》，北京：中華書局，1994 年。

92. （宋）趙汝愚編《宋朝諸臣奏議》，上海：上海古籍出版社，1999 年。

93. （宋）趙彥衛著《雲麓漫鈔》，上海：古典文學出版社，1957 年。

94. 浙江省地方志編纂委員會編《宋元浙江方志集成》，杭州：杭州出版社，2009 年。

95. （宋）正受輯錄，朱俊紅點校《嘉泰普燈錄》，海口：海南出版社，2011 年。

96. （宋）志磐著，釋道法、王雷全等校注《佛祖統紀校注》，上海：上海古籍出版社，2012 年。

97. （宋）智昭集《人天眼目》，《大正新修大藏經》第 48 冊，臺北：新文豐出版社，1983 年。

98. （宋）朱熹撰《四書章句集註》，北京：中華書局，2011 年。

99. （清）自融撰，性磊補輯《南宋元明禪林僧寶傳》，《卍新纂續藏》第 79 冊，東京：株式會社國書刊行會，1975 年。

100. （宋）祖琇編《僧寶正續傳》，《卍新纂續藏》第 137 冊，東京：株式會社國書刊行會，1975 年。

101. （唐）宗密撰《大方光圓覺修多羅了義經疏》，《大正新修大藏經》第 39 冊，臺北：新文豐出版社，1983 年。

102. （唐）宗密撰《禪源諸詮集都序》，《大正新修大藏經》第 48 冊，臺北：新文豐出版社，1983 年。

103. （宋）宗杲集《正法眼藏》，《卍新纂續藏》第 118 冊，東京：株式會社國書刊行會，1975 年。

二、今人著作

1. 白化文著《漢化佛教參訪錄》，北京：中華書局，2005 年。

2. 白壽彝主編，羅超、龔兆吉編註《文史英華・文論卷》，長沙：湖南出版社，1993 年。

3. 白昭傑著《聖僧的多元創造：菩提達摩傳說及其它》，上海：上海社會科學出版社，2019 年。

4. 鮑振培著《中國俗文學史論》,天津:南開大學出版社,2015 年。

5. 鮑志成著《南宋臨安宗教》,杭州:杭州出版社,2010 年。

6. 北京大學哲學系美學教研室編《中國美學史資料選編》,北京:中華書局,1981 年。

7. 北京師範大學中文系文藝理論教研室編《文學理論學習參考資料》,沈陽:春風文藝出版社,1982 年。

8. 《筆記小說大觀》,揚州:廣陵古籍刻印社,1983 年。

9. 蔡毅著《創作之祕:文學創作發生論》,昆明:雲南人民出版社,2010 年。

10. 曾燕主編《嘉禾宋文鈔》,上海:上海古籍出版社,2014 年。

11. 曾棗莊、曾濤選註《三蘇選集》,成都:巴蜀書社,2018 年。

12. 曾棗莊、劉琳主編《全宋文》,上海:上海辭書出版社,2006 年。

13. 《禪宗語錄輯要》,上海:上海古籍出版社,1992 年。

14. 陳兵著《佛教心理學》,西安,陝西師範大學出版總社有限公司,2016 年。

15. 陳耳東編著《歷代高僧詩選》,天津:天津人民出版社,1996 年。

16. 陳來著《有無之境》,北京:三聯書店,2009 年。

17. 陳良運著《中國詩學體系》,北京:中國社會科學出版社,1992 年。

18. 陳乃乾編《清名家詞》,上海:上海書店出版社,1982 年。

19. 陳士強著《大藏經總目提要‧經藏》,上海:上海古籍出版社,2007 年。

20. 陳世驤著《陳世驤文存》,臺北:志文出版社,1975 年。

21. 陳寅恪著《隋唐制度淵源略論稿》,北京:三聯書店,2015 年版。

22. 陳垣著《中國佛教史籍概論》,北京:中華書局,1988 年。

23. 陳榮波《禪學闡微》,臺北:文史哲出版社,1982 年。

24. 丁福保、孫祖烈編《佛學精要辭典》,北京:宗教文化出版社,2014 年。

25. 董平主編《杭州佛教文獻集萃第 1 輯‧第 4 冊》,北京:宗教文化出版社,2016 年。

26. 董群著《禪宗倫理》,杭州:浙江人民出版社,2000 年。

27. 杜繼文、魏道儒《中國禪宗通史》,南京:江蘇古籍出版社,1993 年。

28. 段玉明著《相國寺——在唐宋帝國的神聖與凡俗之間》,成都:巴蜀書社,2004 年。

29. 方東美著《武漢大學百年經典‧方東美文集》,武漢:武漢大學出版社,2013 年。

30. 馮乾編校《清詞序跋彙編第 3 冊》，南京：鳳凰出版社，2013 年。

31. 馮友蘭著《三松堂學術文集》，北京：北京大學出版社，1984 年。

32. 傅庚生著《中國文學欣賞舉隅》，北京：三聯書店，2018 年。

33. 高友工著《中國文化史中的抒情傳統》，臺北：臺灣大學出版社，2004 年。

34. 葛兆光著《中國禪思想史——從 6 世紀到 9 世紀》，北京：北京大學出版社，1995 年。

35. 葛兆光著《禪宗與中國文化》，臺北：里仁出版社，1987 年。

36. 龔雋著《禪史鉤沉：以問題為中心的思想史論》，北京：三聯書店，2006 年。

37. 光泉主編《吳越佛教》，北京：九州出版社，2012 年。

38. 光泉主編《吳越佛教》，北京：宗教文化出版社，2011 年。

39. 郭黛姮著《南宋建築史》，上海：上海古籍出版社，2018 年。

40. 郭朋編著《宋元佛教》，福州：福建人民出版社，1981 年。

41. 郭朋編著《宋元佛教》，福州：福建人民出版社，1981 年。

42. 郭紹虞主編《中國歷代文論選》，上海：上海古籍出版社，1980 年。

43. 韓傳強著《禪宗北宗敦煌文獻錄校與研究》，南京：江蘇人民出版社，2018 年。

44. 恆強校注《中阿含經》，北京：線裝書局，2012 年。

45. 胡適撰《胡適禪學案》，臺北：中正書局，1975 年。

46. 胡素馨主編《佛教物質文化：寺院財富與世俗供養國際學術研討會論文集》，上海：上海書畫出版社，2003 年。

47. 何國詮著《中國禪學思想研究》，臺北：臺灣文津出版社，1987 年。

48. 黃懺華著《佛教各宗大綱》，臺北：天華出版事業股份有限公司，1980 年。

49. 黃敬家著《中國禪宗文學與文化探論》，臺北：學生書局，2011 年。

50. 黃敏枝著《宋代佛教社會經濟史論集》，臺北：臺灣學生書局，1989 年。

51. 黃征、張涌泉校注《敦煌變文校注》，北京：中華書局，1997 年。

52. 蔣述卓等編《宋代文藝理論集成》，北京：中國社會科學出版社，2000 年。

53. 孔祥軍點校《毛詩傳箋》，北京：中華書局，2018 年。

54. 賴永海主編，潘桂明等著《中國佛教百科全書》，上海：上海古籍出版社，2000 年。

55. 藍吉富主編《禪宗全書》，臺北：文殊文化有限公司，1990 年。

56. 藍吉富主編《大藏經補編》，臺北：華宇出版社，1985 年。

57. 李國玲編著《宋僧著述考》，成都：四川大學出版社，2007 年。

58. 李叔同著《李叔同集》，北京：東方出版社，2008 年。

59. 梁庚堯著《中國社會史》，上海：東方出版中心，2016 年。

60. 林世田、楊學勇、劉波著《敦煌佛典的流通與改造》，蘭州：甘肅教育出版社，2013 年。

61. 林湘華撰《禪宗與宋代詩學理論》，北京：文津出版社，2002 年。

62. 劉辰誕著《結構和邊界》，上海：上海外語教育出版社，2008 年。

63. 劉琳、刁忠民、舒大剛等校點《宋會要輯稿》，上海：上海古籍出版社，2014 年。

64. 劉文典校注《淮南鴻烈集解》，北京：中華書局，1989 年。

65. 龍晦著《靈塵化境——佛教文學》，成都：四川人民出版社，1995 年。

66. 陸學藝、王處輝主編《中國社會思想史資料選輯·秦漢魏晉南北朝隋唐》，南寧：廣西人民出版社，2006 年。

67. 呂建福著《中國密教史》，北京：中國社會科學出版社，1995 年。

68. 牟宗三著《中國哲學十九講》，貴陽：貴州人民出版社，2019 年。

69. 麻天祥著《以人間佛學建人間淨土——佛光山的宗教理論與實踐》，見《大乘佛教與當代社會》，上海：東方出版社，2003 年。

70. 馬焯榮著《中國宗教文學史》，北京：中國社會科學出版社，2014 年。

71. 馬大品編《中國佛道詩歌總彙》，北京：中國書店，1993 年。

72. 馬新、賈艷紅、李浩著《中國古代民間信仰：遠古——隋唐五代》，上海：上海人民出版社，2010 年。

73. 馬定波著《中國佛教心性之研究》，臺北：中正書局，1978 年。

74. 蒙培元著《中國心性論》，臺北市：學生書局，1990 年。

75. 歐順軍著《倫理視域下的佛教平等觀》，長沙：湖南師範大學出版社，2012 年。

76. 歐陽修著《六一詩話》，見《歐陽修全集》，北京：中華書局，2001 年。

77. 潘桂明著《佛教禪宗百問》，北京：今日中國出版社，1989 年。

78. 蒲慕州著《歷史與宗教之間》，上海：復旦大學出版社，2020 年。

79. 彭鋒著《詩可以興：古代宗教、倫理、哲學與藝術的美學闡釋》，合肥：安徽教育出版社，2002 年。

80. 皮慶生著《宋代民眾祠神信仰研究》，上海：上海古籍出版社，2008 年。

81. 漆俠著《兩宋經濟史》，上海：上海人民出版社，1987 年。

82. 錢穆著《論語新解》，成都：巴蜀書社，1985 年。

83. 錢鍾書著《管錐編》，北京：中華書局，1979 年。

84. 錢鍾書著《談藝錄》，北京：三聯書店，2007 年。

85. 全漢昇著《中國經濟史論叢》，香港：香港中文大學新亞研究所，1972 年。

86. 饒宗頤著《澄心論萃》，上海：上海文藝出版社，1996 年。

87. 饒宗頤著《詞與禪》，選自《佛教文學短論》，臺北：大乘文化出版社，1980 年。

88. 冉雲華著《中國禪學研究論集》，臺北：東初出版社，1990 年。

89. 上海古籍出版社編《宋元筆記小說大觀》，上海：上海古籍出版社，2007年。

90. 石峻、樓宇烈、方立天等《中國佛教思想資料選編》，北京：中華書局，1987 年。

91. 釋傳印著《四分戒本述義》，北京：佛教文化研究所，2004 年。

92. 釋身振編《雙桂禪燈錄》，濟南：山東畫報出版社，2015 年。

93. 釋聖嚴著《戒律學綱要》，新北：法鼓文化出版社，1999 年。

94. 《四川省涼山彝族社會調查資料選輯》，成都：四川省社會科學院出版社，1987 年。

95. 宋道發著《佛教史觀研究》，北京：宗教文化出版社，2009 年。

96. 湯用彤著《漢魏兩晉南北朝佛教史》，北京：商務印書館，2017 年。

97. 湯用彤著《隋唐佛教史稿》，北京：中華書局，2016 年。

98. 湯用彤著《湯用彤全集》，石家莊：河北人民出版社，2000 年。

99. 唐耕耦著《敦煌寺院會計文書研究》，臺北：臺灣新文豐出版公司，1997 年。

100. 汪聖鐸著《關於宋代功德寺觀的再討論——兼與黃敏枝教授商榷》，載武建國、林文勛、李曉亮主編《李埏教授逝世週年紀念文集》，昆明：雲南大學出版社，2011 年。

101. 汪聖鐸著《兩宋財政史》，北京：中華書局，1995 年。

102. 王曾瑜著《宋朝階級結構》，石家莊：河北教育出版社，1996 年。

103. 王大偉著《宋元禪宗清規研究》，北京：宗教文化出版社，2013 年。

104. 王德毅著《宋史研究論叢》，臺北：臺灣商務印書館，1968 年。

105. 王國席著《人文科學概論》，合肥：合肥工業大學出版社，2007 年。

106. 王海霞著《浙江禪宗寺院環境研究》，杭州：浙江工商大學出版社，2017 年。

107. 王利器校箋《文心雕龍校證》，上海：上海古籍出版社，1980 年。

108. 王孺童著《王孺童集》，北京：宗教文化出版社，2018 年。

109. 王叔慶著《敦煌佛學·佛事篇》，蘭州：甘肅民族出版社，1995 年。

110. 王水照主編《宋代文學通論》，開封：河南大學出版社，1997 年。

111. 王志勇主編，崔玉卿點校《清涼山傳志選粹》，太原：山西人民出版社，2000 年。

112. 王仲堯著《南宋佛教制度文化研究》，北京：商務印書館，2012 年。

113. 烏丙安著《中國民間信仰》，上海：上海人民出版社，1996 年。

114. 吾淳著《中國社會的宗教傳統：巫術與倫理的對立和共存》，上海：上海三聯書店，2009 年。

115. 吳曾琪編《舊小說·丁集三》，上海：上海書店出版社，1985 年。

116. 吳光正、高文強主編《中國宗教文學史編撰研討會論文集》，哈爾濱：北方文藝出版社，2015 年。

117. 吳經熊著《禪學的黃金時代》，臺北：臺灣商務印書館，1969 年。

118. 吳忠偉著《宋代天臺佛教思想研究》，北京：宗教文化出版社，2017 年。

119. 徐明編著《中國佛教經論序跋記集》，上海：上海辭書出版社，2002 年。

120. 薛梅卿點校《中華傳世法典·宋刑統》，北京：法律出版社，1999 年。

121. 延聖院大藏經局編《磧砂大藏經》，臺北：新文豐出版公司，1987 年。

122. 顏尚文著《隋唐佛教宗派研究》，臺北：新文豐出版公司，1980 年。

123. 嚴耀中著《佛教戒律與中國社會》，上海：上海古籍出版社，2007 年。

124. 楊曾文著《宋元禪宗史》，北京：中國社會科學出版社，2006 年。

125. 葉郎著《中國美學史大綱》，上海：上海人民出版社，1985 年。

126. 印光著《印光法師文抄》續編下，成都：巴蜀書社，2015 年。

127. 印順著《中國禪宗史》，南昌：江西人民出版社，2007 年。

128. 游彪著《宋代寺院經濟史稿》，保定：河北大學出版社，2003 年。

129. 余英時著《中國近世宗教倫理與商人精神》，合肥：安徽教育出版社，2001 年。

130. 余冠英、周振甫等編《唐宋八大家全集》，北京：國際文化出版公司，1997年。

131. 元亨寺譯《漢譯南傳大藏經》，高雄：元亨寺妙林出版社，1995年。

132. 雲南少數民族社會歷史調查資料彙編》昆明：雲南人民出版社，1991年。

133. 雲南小涼山彝族社會歷史調查》，昆明：雲南人民出版社，1984年。

134. 張伯偉編校《稀見本宋人詩話四種》，南京：江蘇古籍出版社，2002年。

135. 張春林編《白居易全集》，北京：中國文史出版社，1999年。

136. 張惠民著《宋代詞學資料匯編》，汕頭：汕頭大學出版社，1993年。

137. 趙林著《協調與超越：中國思維方式探討》，武漢：武漢大學出版社，2005年。

138. 趙毅衡著《文化符號學》，北京：中國文聯出版社，1990年。

139. 浙江省地方志編纂委員會，《宋元浙江方志集成》，杭州：杭州出版社，2009年。

140. 鄭志明著《無生老母信仰溯源》，臺北：文史哲出版社，1985年。

141. 中國佛教協會編《中國佛教·第二輯》，上海：東方出版中心，1980年。

142. 周紹良主編《全唐文新編》，長春：吉林文史出版社，2000年。

143. 周叔迦編《法苑叢談》，北京：中國佛教協會，1985年。

144. 周裕鍇著《禪宗語言》，上海：復旦大學出版社，2017年。

145. 周裕鍇著《中國禪宗與詩歌》，上海：復旦大學出版社，2017年。

146. 周振甫主編《唐詩宋詞元曲全集》，合肥：黃山書社，1999年。

147. 朱封鼇、韋彥鐸著《中華天臺學通史》，北京：宗教文化出版社，2015年。

148. 朱光潛著《西方美學史》，北京：人民文學出版社，1979年。

149. 朱政惠，崔丕主編《北美中國學的歷史與現狀》，上海：上海辭書出版社，2013年。

三、期刊

1. 白化文：《從圓珍述及俗講的兩段文字說起——紀念周太初（一良）先生》，季羨林、饒宗頤、周一良主編《敦煌吐魯番研究》第六卷，北京：北京大學出版社，2002年。

2. 李建春：《禪宗公案中的符號自我與美學意味》，載《符號與傳媒第10輯》，成都：四川大學出版社，2015年。

3. 武雅士：《神、鬼和祖先》，《思与言》，第 3 期第 35 卷，北京：開明出版社 1997 年。

4. 國威：《宋代寺院的制度改革和空間重組》，《中華佛學研究》第十九期，第 1～22 頁，新北：中華佛學研究所。

5. 陳筱芳：《中國傳統報應觀與佛教果報觀的差異及文化根源》，社會科學研究，2004 年 3 月，第 67 頁。

6. 陳筱芳：《佛教果報觀與傳統報應觀的融合》，社會科學研究，2004 年第一期，第 94 頁。

7. 楊惠南：《看話禪與南宋主戰派之間的交涉》，中華佛學學報，1994（7）：203～205。

8. 劉玉葉《佛教口業觀念與中國古代文人的語言自懺》，載於《鄭州航空工業管理學院學報（社會科學版）》，第 30 卷第 2 期，2011 年。

9. 劉長東：《試探臨濟義玄傳法手段之意義──以異僧佐贊與棒喝接引為例》載《国學》，2017（01）：154～185。

10. 劉黎明：《宋代民間人祭之風與密宗的屍身法術》，載《四川大學學報（哲學社會科學版）》，2005 年第 3 期，第 92～97 頁。

11. 藍日昌：《宗派與燈統──論隋唐佛教宗派觀念的發展》，《成大宗教與文化學報》2004 年第 4 期，第 19～52 頁。

12. 藍日昌：《宗派與燈統──論隋唐佛教宗派觀念的發展》，《成大宗教與文化學報》2004 年第 4 期，第 19～52 頁。

四、外文論著

1. Albert Welter, Monks, Ruler, and Literati: The Political Ascendancy of ChanBuddhism (New York: Oxford University Press, 2006).

2. Barend J. TerHaar, Buddhist-Inspired Options: Aspects of Lay Religious Life in the Lower Yangzi from 1100 until 1340, T'oung Pao, 2001, Second Series, Vol. 87, Fasc. 1/3 (2001), Published by: Brill.

3. Doctrine and Practice, History of Religions, Nov., 1971, Vol. 11, No. 2 (Nov., 1971), Published by: The University of Chicago Press.

4. Donald S. Lopez, Jr. *Buddhism in practice*, Published by Princeton University Press, 41 William Street, 2007.

5. Ebrey, Patricia Buck, Religion and Society in T'ang and Sung China, publisher: University of Hawaii Press, 1993.

6. Elizabeth Morrison, The Power of Patriarchs. Qisong and Lineage in Chinese Buddhism (Leiden, Boston: Brill, 2010).

7. Feuchtwang The Imperial Metaphor: Popular Religion in China. London: Routledge, 1992.

8. Geertz, Clifford. Religion as a Cultural System. College Columbia University, 1966.

9. Geertz, Clifford. Religion as a Cultural System[J]. College Columbia University, 1966.

10. Geoff Danaher, Tony Schirato, *Understanding Foucault*, London: SAGE Publications, 2000.

11. Jin Y. Park Zen and Zen Philosophy of Language: A Soteriological Approach, A Journal of Comparative Philosophy June 2002, Vol. I, No. 2.

12. John C. Holt, Assisting the Dead by Venerating the Living: Merit Transfer in the Early Buddhist Tradition, *Numen*, Jun., 1981, Vol. 28, Fasc. 1 (Jun., 1981), Published by: Brill.

13. Manuel De Landa, A Thousand Years of Nonlinear History, Swerve Editions: New York, 2000.

14. Michael J. Walsh, Sacred Economies: Buddhist Monasticism and Territoriality in Medieval China, Published by: Columbia University Press, 2009.

15. Michael J. Walsh, *The Economics of Salvation: Toward a Theory of Exchange in Chinese Buddhism*, Journal of the American Academy of Religion, Jun., 2007, Vol. 75, No. 2 (Jun, 2007).

16. Pierre Bourdieu: Practical Reason: On the Theory of Action. Stanford: Stanford University Press, 1998.

17. Reiko Ohnuma, The Gift of the Body and the Gift of Dharma, History of Religions, May, 1998, Vol. 37, No. 4 (May, 1998).

18. Robert J. Miller, Buddhist Monastic Economy: The Jisa Mechanism, *Comparative Studies in Society and History*, Jul., 1961, Vol. 3, No. 4 (Jul., 1961), Published by: Cambridge University Press.

19. Stephen Teiser, *The Ghost Festival in Medieval China*, Princeton: Princeton University Press, 1988.

20. T. Griffith Foulk, "Myth, Ritual, and Monastic Practice in Sung Ch'an Buddhism," in Religion and Society in T'ang and Sung China, ed. Patricia Buckley and Peter N. Gregory (Honolulu: University of Hawaii Press, 1993).

21. T. Griffith Foulk, Myth, Ritual, and Monastic Practice in Sung Ch'an Buddhism，載 Ebrey, Patricia Buckley, Religion and Society in T'ang and Sung China, 1993.

22. Tamamura Takeji 玉村竹二，Nihon Zenshūshi ronshū 日本禪宗史論集 (Kyōto: Shibunkaku, 1976-1981), vol. 2, 122 (1360)。

23. the Song. Journal of the International College for Postgraduate Buddhist Studies, 2017, 21.

24.〔法〕奧古斯特・孔德著，黃建華譯《論實證精神》，北京：商務印書館，1996 年。

25.〔德〕奧托著、成窮等譯《論神聖》，成都：四川人民出版社，1995 年。

26.〔日〕阿布正雄著，王雷泉等譯《禪與西方思想》，上海：上海譯文出版社，1989 年。

27.〔日〕道端良秀《中國佛教社會經濟史の研究》，京都：平樂寺書店，1983 年。

28.〔英〕菲利普・斯托克斯著，吳叶韻譯《西方哲學常識》，北京：中國友誼出版社，2018 年。

29.〔英〕哈維著，李建欣、周廣榮譯《佛教倫理學導論：基礎、價值與問題》，上海：上海古籍出版社，2012 年。

30.〔日〕忽滑谷快天著，朱謙之譯《中國禪學思想史》，鄭州：大象出版社，2017 年。

31.〔荷〕許理和著，李四龍、裴勇等譯《佛教征服中國：佛教在中國中古早期的傳播與適應》，南京：江蘇人民出版社，2003 年。

32.〔日〕加藤咄堂《社会教化に於け宗教の使命》，《南瀛佛教》第 11 卷第 2 號，1933 年 2 月，《文獻集成》第 113 卷。

33.〔德〕卡西爾著，甘陽譯《人論》，上海：上海譯文出版社，1985 年。

34.〔德〕康德著，鄧曉芒譯《純粹理性批判》北京：人民出版社，2004 年。

35. 〔德〕孔滋著，胡國堅譯《佛教的本質及其發展》，貴陽：貴州大學出版社，2013 年。

36. 〔英〕李約瑟著，〔英〕柯林・羅南改編，上海交通大學科學史系翻譯，《中華科學文明史》，上海：上海人民出版社，2019 年。

37. 〔日〕鐮田茂雄著，鄭彭年譯《簡明中國佛教史》，上海：上海譯文出版社，1986 年。

38. 〔日〕鐮田茂雄著，東京：東京春秋社，1968 年。

39. 〔日〕鐮田茂雄著《禪源諸詮集都序》，東京筑摩書房，1971 年。

40. 〔法〕列維-布留爾著，丁由譯《原始思維》，北京：商務印書館，1985 年。

41. 〔日〕鈴木大拙著，徐進夫譯《開悟之旅》，海口：海南出版社，2017 年。

42. 〔日〕鈴木大拙、佛洛姆著，王雷泉、馮川譯《禪宗與精神分析》，臺北：遠流出版社，1990 年。

43. 〔日〕鈴木大拙著，劉大悲譯《禪與藝術》，臺北：臺北天華出版社，1990 年。

44. 〔日〕柳田聖山著，吳汝鈞譯《中國禪思想史》，臺北：臺灣商務印書館，1992 年。

45. 〔日〕柳田聖山著《初期禪宗史書研究》，京都法藏館，1967 年。

46. 〔美〕羅德尼・斯達克、羅傑兒・芬克著，楊鳳崗譯《信仰的法則——解釋宗教之人的方面》，北京：中國人民大學出版社，2003 年。

47. 〔德〕馬克斯・韋伯著，康樂、簡惠美譯《印度的宗教：印度教和佛教》，臺北：源流出版事業公司，1996 年。

48. 〔德〕馬克斯・韋伯著，康樂、簡惠美譯《中國的宗教；宗教與世界》，桂林：廣西師範大學出版社，2004 年。

49. 〔羅〕米爾恰・伊利亞德著，楊素娥譯《聖與俗——宗教的本質》，臺北：桂冠圖書股份有限公司，2001 年。

50. 〔泰〕佩尤托著，劉婷文譯《佛教經濟學》，北京：宗教文化出版社，2016 年。

51. 〔日〕斯波義信著《宋代商業史研究》，東京：風間書屋，1968 年。

52. 〔日〕土屋太祐著《北宋禪宗思想及其淵源》，成都：巴蜀書社 2008 年。

53. 〔英〕王斯福著，趙旭東譯，《帝國的隱喻：中國民間宗教》，南京：江蘇人民出版社，2009 年。

54. 〔意〕維科著，朱光潛譯《新科學》，北京：人民文學出版社，1987 年。

55. 〔日〕無著道忠著，河北禪學研究所編《禪林象器箋》，中華全國圖書館縮微文獻複製中心，1979 年。

56. 〔法〕謝和耐著，耿昇譯《中國五——十世紀的寺院經濟》，蘭州：甘肅人民出版社，1987 年。

57. 〔法〕謝和耐著，劉東譯《蒙元入侵前夜的中國日常生活》，南京：江蘇人民出版社，1995 年。

58. 〔美〕楊慶堃著、范麗珠譯《中國社會中的宗教：宗教的現代社會功能及其歷史因素之研究》，上海：上海人民出版社，2006 年。

59. 〔蘇〕約·阿·克雷維列夫著，樂峰等譯《宗教史》，北京：中國社會科學出版社，1984 年。

60. 〔日〕宇井伯壽著《禪宗史研究》，東京：東京岩波書店，1966 年。

61. 〔英〕詹·喬·弗雷澤著，徐育新、汪培基、張澤石譯《金枝》，北京：中國民間文藝出版社，1987 年。

62. 〔日〕塚本善隆著《北魏的僧祇戶和佛圖戶》，載《日本學者研究中國史論著選譯》，北京：中華書局，1993 年。

63. 〔日〕舟橋一哉著，余萬居譯《業的研究》，臺北：法爾出版社，1999 年。

64. 〔日〕周藤吉之《宋代經濟史研究》，東京：東京大學出版社，1962 年。

65. 〔日〕竺沙雅章《中國佛教社會史研究》，京都：同朋舍出版，1982 年。

66. 〔日〕佐佐木現順著，周柔含譯《業的思想》臺北：東大圖書公司，2003 年。

附　錄

　　寺院常見職位名目與功能表：僅列出了部分常見職位的名目和功能，因為寺院職事僧的群體不斷的處於演化之中，許多職位的存廢都沒有定數，故而只能將其中較重要的部分扼要作一介紹，這些司職系統已經可以支撐一個廟宇的正常運轉了。

序列	職位名	功　　能	補　　充
僧官	僧錄	表率叢林、掌內殿法事，錄左街僧事。	由年高德昭的叢林領袖兼任。
	副僧錄	協助僧錄處理相關事宜，錄右街僧事。	
東序	都監寺	又稱都寺、都管、都總、庫司、監寺、監院、院主等。《敕修百丈清規》云：「（都寺）以總庶務。」〔註1〕主要包括四方面的內容：迎接官員和大型施主、掌管財務的進出、維護戒律的公正、其它頭首人員的升降等。一般都寺會召開會議來決定有爭議的事情，並將討論結果交給主持裁斷，一般會請西序的首座或書記兼任，否則必須選擇臘高而行事公正的人。	又說都寺非都監寺，而是其上的一個職位，可能有部分大型叢林這樣的安排，姑存之。另計有都文、都聞等職位與此類似，不再一一分說。很明顯這是二級制度時期院首一職的殘留。
	副寺	又稱庫頭、知庫、櫃頭、財帛、掌財等。是都監寺的助手，主要分理其手中的財務工作，包括錢穀的收支、賬務的結算、賬務的整理等。	這個職位很關鍵，其賬務直接報請主持裁准，有的每日呈報，也有一旬、一月、一年的。

〔註 1〕無著道忠《禪林象器箋》，第 249 頁上。

	典座	總理僧團的後勤事宜，辦理床座只是其中之一，以此為名統攝其餘八事，如管理伙食、籌辦法會、管理土地、種植產出、分房、分衣服、分香燭、分水果、分雜餅等。另設有一些助理的職位，如提點、免僧等。	許多雜務職位都歸典座負責，如碳頭、監收、園主等，這似乎是一個腐敗容易發生的位置。
	直歲	與此職務類似的還有直月、直日、巡更以及直廳等。直，當也。即一年之內執掌一切作務，比如管理殿堂寮舍、督導工程、懲黜遊怠、監督財務、派遣差使等，如果有大型的工程項目，這個職位還會機動增加人員，總的來說一年或一月或一日之內的雜物，他們都有處置的權利。	這是一個機動的職位，不同寺院會相機安排人數與執事的長短，同時這又是一種分權的轄制措施，對都監寺等形成了一定的掣肘。
	維那	又稱綱維、堂司，按照敕修清規來看，他掌握的事情主要是和合僧團、管理遊方僧侶、安排病僧、亡僧的善後工作、戒牒的申請等，又言其掌握僧堂事宜。	
西序	侍者	有五侍者、六侍者、山門三大侍者等不同說法，此分類標準不同之故。為主持幹辦雜事者統稱為侍者，又稱為小頭首。	這個位置雖然不顯赫，但因為是寺廟首領的心腹，故權力不小。
	首座	視叢林規模有前後堂之分，又稱第一座、座元、禪頭、首眾等。地位僅次於主持，據敕修清規來看，此職位幾乎可以主持寺廟的一切事務。如「表率叢林」「分座說法」「開鑿後昆」「坐禪領眾」「勉諭執事」「依規示罰」「撫恤送終」「凡眾之事，皆得舉行」〔註2〕	可能是寺——院二級體制總理俗物的僧首職位的退化，從二級到主持的制度演變過程進行的不充分，導致了這種和首領職能相似的位置。
	書記	與隊內的書狀侍者相應，對外者稱。執掌文翰，凡是山門「榜書疏問」「祈禱詞語」皆歸此職位管轄，仿照幕府之記室參軍設立。需要書法出色。	書記的位序雖然較高，但他執掌的事務比較瑣碎，因此地位不太高。
	藏主	又名知藏、藏司、經藏堂主，為寺廟的經藏管理人員。除了點對經卷、填補殘缺之外，還需要承擔嚴設幾案，備茶湯香燭的雜物。這個職位的人選需要通曉經義。	

〔註2〕無著道忠撰《禪林象器箋》，第222頁上。

	知客	又稱典客、典賓、客司等。主要負責迎來送往，將重要賓客引薦給方丈，並安排所有拜訪者的食宿等問題。	有時候會攝維那的職事。
	知浴	又稱浴主、浴頭。主要負責沐浴事宜，包括安排浴前的準備工作、維持浴中的秩序、處理浴罷的首尾問題。	沐浴的順序是僧眾第一通，頭首第二通，第三通行者入浴的同時，主持單獨入浴。
	知殿	又稱殿主、直堂。管理諸殿堂的香燈及清潔的工作，包括佛殿的灑掃、雕像的清潔、香燈的裝飾燈。	知殿擔負了一部分的經濟工作，主要是對香火錢的交接和監督，這是財務系統的一環，同時似乎也有監督的作用。
雜務	寮元	又稱寮長、座元等。管理普通僧眾的生活起居問題，包括對接僧侶住宿所需的基本物資，保管僧侶的個人物品。	
	寮主	又稱知寮、副寮。輔佐寮元處埋雜物，這個職位非常辛苦，基本上僧侶寢處地的雜事都歸他處理，包括檢點物資、看守門戶、灑掃浣濯、維持秩序等，寮元往往只發號施令，很少親自操作。	寮主按戒次來選拔，因為事務繁多，經常會配有助手，這些助手也按照出家年限來產生，被稱為望寮、洞腳等。
	辦事	列職雜務人員的總名，包括數十種：飯頭、茶頭、菜頭、米頭、飯頭、園頭、磨頭、水頭、火頭、柴頭、碳頭、燈頭、莊主等，隨名稱各有其職司，且這些位置在叢林中並非全部安設，按規模其人各有去取。這些職位是寺廟最底層的領導，雖然在職級上都歸典座管理，但他們的權力差別很大，有些職司非常辛苦，另一些不但輕鬆且有許多利益。	這一層次的結構不但保證了寺廟的正常運作，也維持僧團首領意志的貫徹，普通的僧侶被分派了職事之後，基本都歸這些人管理，因此可以說他們是主持體制的中堅。
	監收	與此職位類似的尚有都場、都倉等，莊主等負責各職事務平時的打理、經營，到了營收時，會有相應的僧行前往監督管理，以免發生舞弊等行為。	這是寺廟的派出監察者，行政和監察分立，意味著這是一種較為成熟的管理體制。
	化主	又稱街坊化主、街坊、供養主等。其職責為勸化市廛街坊，索要布施以供養大眾者。當寺廟的恆產不足，則必須派人勸化檀越，若恆產豐足，則一般不設此位。	

淨頭	又稱持淨，本應歸在辦事條目之下，因此職位「行人之所甚難，當人之所甚惡」，〔註3〕可以說是寺廟中最苦最累的工作，故而單獨列條予以說明，佛教認為此職位最能消滅業障，巧合的是曾經居此職司的僧侶被授記開悟的似乎很多。	
延壽堂主	又稱涅槃頭，主持寺廟的養老以及照顧病僧的事宜，要求必須提供病僧的生活所需，這些費用一般不能從常住財務中扣除。這些職位有一些便宜的特權，病僧如果需要進補，似乎可以時啖一些禁絕之物，同時他也負責監督的事宜，一旦病情有起色，就必須督促其人斷離嗜慾。	直病被認為是八福田第一。這一職位的設置解決了僧侶的養老等問題，能很大程度提高僧團的穩定性。

〔註3〕《禪林象器箋》，第285頁上。